Le silence de l'inceste
La systématisation d'un silence assourdissant

Collection Controverses
dirigée par Robert Cario

Les ***Controverses*** rassemblent de courts essais sur des questions majeures de la connaissance scientifique dans le champ criminologique. En pointant leurs contradictions, (re)découvertes et zones d'ombre, les réflexions participent à une meilleure compréhension de la complexité des conduites humaines.
Quatre séries complètent la Collection : ***Traité de sciences criminelles ; Criminologie***, ***Sciences criminelles*** et ***Champ pénitentiaire***.

Derniers ouvrages parus

R. Cario (Dir.), Les rencontres détenus-victimes : l'humanité retrouvée
F. Rognon, Brice Deymié, Punir, restaurer, guérir
G. Arandel, Pour une criminologie interculturelle. Ethnoprobation
R. Cario, La justice restaurative en France. Une utopie créatrice et rationnelle
J.-L. de la Cuesta, I. German, La justice restaurative en Espagne
R. Cario, Grandeurs et vicissitudes de la justice restaurative en France
J. Gagneur, La justice restaurative au bénéfice des mineurs

Traité de sciences criminelles
2.1. R. Cario, Victimologie. De l'effraction du lien intersubjectif à la restauration sociale (4e éd. 2012)
2.2. R. Cario, Sylvie Ruiz-Vera, Droit(s) des victimes. De l'oubli à la reconnaissance (2015)
8. R. Cario, C. Rossi, Justice restaurative. Principes et promesses (Nouvelle édition, 2021)

Criminologie
M. Herzog-Evans, Le Juge de l'application des peines : Monsieur Jourdain de la désistance
J. Motte dit Falisse, F. Ludwiczak (Dir.), De la récidive et du pardon
C. Trotter, Le suivi des usagers involontaires
S. Charbonneau, C. Rossi, La médiation relationnelle. Rencontres de dialogue et justice réparatrice

Sciences criminelles
H. Arbousset et al. (Dir.), Risques, accidents et catastrophes. Liber amicorum en l'honneur de Marie-France Steinlé-Feuerbach
V. Koum Dissake, Le mémoricide

Série Champ pénitentiaire
S. Jacopin, J.M. Larralde (Dir.), Le droit aux visites des personnes incarcérées
R. Chazot, F. Violet, La souffrance en prison

Mahaut d'Hébrail

Le silence de l'inceste

La systématisation d'un silence assourdissant

L'Harmattan

rue de l'École-Polytechnique – 75005 Paris

www.editions-harmattan.fr

ISBN : 978-2-336-44022-4
EAN : 9782336440224

« *Notre silence est notre lien* »
Ensler, Eve, *Pardon* : Denoël, 2020.

« *Et les accusations de négligence ou de surdité de la justice sont vaines puisque les cours d'assises sont remplies presque en totalité par ces affaires dites ''de mœurs'' qui sont surtout des affaires ''de famille''.* »
Jean-Luc Viaux

REMERCIEMENTS

Je remercie mes parents, pour m'avoir soutenue dans la rédaction de ce mémoire. Je remercie également mes relecteurs, Mathilde, Aude, Inès et Pierre-Louis.

Merci à Rozenn, pour son écoute.

Merci à Mme Villegas, grâce à qui j'ai pu élaborer le sujet et qui m'a conseillée durant la rédaction.

Merci à Sarah, pour ses conseils et son expérience.

Merci au Père Benoit et au Père Thomas, pour leurs mots apaisants.

Un grand merci au Professeur Robert Cario, pour sa patience.

PRINCIPALES ABRÉVIATIONS

Adde	Ajouter
A.J.pénal..	Actualité Juridique pénal
Al.	Alinéa
A.R.C.A.	Assoc.de recherche en criminologie appliquée
Art.	Article
BEX	Bureau de l'exécution des peines
Bull. crim.	Bulletin des arrêts de la Cour de cassation (Chambre Criminelle)
C.A.	Cour d'appel
C. Ass.	Cour d'assises
Cass.	Cour de cassation
C.D.P.C.	Comité européen des problèmes criminels
C.E.	Conseil de l'Europe
C.E.D.H.	Cour européenne des droits de l'homme
C.E.S.D.H.	Convention européenne de sauvegarde des droits
....	de l'homme et des libertés fondamentales
Cf	Confer
C.G.F./F.G.C. ..	Conférence du groupe familial /
....	Family group conferencing
Chap.	Chapitre
Chron.	Chronique
C.I.V.I.	Commission d'indemnisation des victimes d'infractions
C.P.I.P.	Conseiller pénitentiaire d'insertion et de probation
C.N.A.V.	Conseil National de l'aide aux victimes
C.N.I.D.F.F.	Centre national d'information et de documentation des femmes et des familles
C.N.I.L.	Commission Nationale de l'Informatique et des libertés
C.N.P.D/R.	Conseil national de prévention de la délinquance et de la radicalisation
Coll.	Collection
Comp.	Comparez
Contra.	Solution contraire
C.P.	Code pénal
C.pr.pén.(CPP).	Code de procédure pénale
C.P.I.	Cour pénale internationale

C.P.T...............	Comité européen pour la prévention de la torture
C.S.J.R.	Centre de Services de justice réparatrice Montréal
D.	Recueil Dalloz
Dr. pén.	Droit pénal (revue)
Dév. et soc./D.S.	Déviance et société (revue)
E.N.A.P............	École Nationale d'Administration pénitentiaire
E.N.P.J.J	École nationale de la protection judiciaire de la jeunesse
E.N.M.	École nationale de la magistrature
Eod. loc............	Eodem loco, même référence, même endroit
EPCVM	Enquêtes permanentes sur les conditions de vie des ménages / Insee
G.A.C.E.P ....….	Centre Guidance d'actions compensatrices, Éducatives et Probatoires
Gaz.pal.............	Gazette du Palais
HALDE............	Haute autorité de lutte contre les discriminations et pour l'égalité
Ibid..................	Ibidem, même référence
IFJR	Institut français pour la justice restaurative
IHESI/INHESJ	Institut national des hautes études de la sécurité et de la justice
I.J.C.................	International journal on criminology
I.N.A.V.E.M. ...	Institut national d'aide aux victimes et de médiation/France-Victimes
Infra.	Ci-dessous
I.N.S.E.E..........	Institut national de la statistique et des études économiques
JCP / S.J...........	La semaine juridique
J.A.P.	Juge de l'application des peines
J.D.J.	Journal du droit des jeunes
J.O...................	Journal officiel
J.O.C.E............	Journal officiel des communautés européennes
J.R.	Justice restaurative
JUDEVI	Juge délégué aux victimes
M.E.J………….	Mesure Éducative Judiciaire
M.E.J.P………..	Mesure Éducative Judiciaire Provisoire
Min. Justice......	Ministère de la justice
Not.	Notamment
O.C.D.E.	Organisation de coopération et de développement économiques (1960)
O.I.P................	Observatoire international des prisons
O.M.S.	Organisation mondiale de la santé

O.N.G.	Organisation non gouvernementale
O.N.U.	Organisation des Nations unies
Op. cit.	Opere citato, Ouvrage, article... déjà cité
Ord.................	Ordonnance
P.J.J................	Protection judiciaire de la jeunesse
P.P.S.M.J.	Personne placée sous main de justice
P.P.R...............	Programme de prévention de la récidive
PTSD	Post traumatic stress disorder / État de stress
....	post-traumatique
P.U.F...............	Presses universitaires de France
Rap..................	Rapport
R.C.V..............	Rencontre condamnés-victimes (milieu ouvert)
R.D.P.C...........	Revue de droit pénal et de criminologie
R.D.V..............	Rencontres détenus-victimes (milieu fermé)
Rép. Dalloz......	Répertoire Dalloz
Rev. sc. crim....	Revue de science criminelle et de droit pénal
....	comparé (ou R.S.C.)
R.I.C.P.T.S.......	Revue internationale de criminologie et de police
....	technique
R.J.I.J..............	Restorative justice. An international journal
	(V.TIJRJ)
R.P.E...............	Règles pénitentiaires européennes
S.A.D.J.A.V.....	Service de l'accès au droit et à la justice et de
....	l'aide aux victimes
S.A.R.V.I.	Service d'aide au recouvrement des vic-
....	times d'infraction
S.M.P.R.	Service médico-psychologique régional
S.P.I.P.	Service pénitentiaire d'insertion et de probation
S.T.E.M.O.......	Service territorial éducatif de milieu ouvert
S.T.E.M.O.I.....	Service territorial éducatif de milieu ouvert et
	d'insertion
Suiv., ss...........	Suivants(s)
Supra...............	Ci-dessus
T.G.I.	Tribunal de grande instance
T.I.G.	Travail d'intérêt général
T.I.J.R.J...........	The international journal of restorative justice
	(V. RJIJ)
T.J..................	Tribunal judiciaire
U.C.S.A.	Unité de consultation et de soins ambulatoires
U.M.J.	Unité médico-judiciaire

« ***La parole est d'argent,***
mais le silence est d'or »

Le Talmud, Vème siècle.

« ***Je parle pour moi***
et pour protéger les autres enfants »

Témoignage recueilli par la Commission Inceste

Introduction

Plusieurs éléments ont déterminé le choix de ce sujet. Je pourrais citer le mouvement #MeToo qui a contribué à libérer la parole de femmes victimes de harcèlement ou de violences sexuelles. Et j'en parlerai, mais ce mouvement n'a pas été déterminant.

Le sujet de l'omerta m'intrigue : il est présent dans l'imaginaire collectif concernant les mafias italiennes et les grandes organisations criminelles dont les membres sont si soudés qu'ils se considèrent parfois membres d'une même famille se protégeant entre eux. Malheur à celui qui parle ! Cette règle, cette injonction au silence à l'égard de certains sujets, j'ai appris assez tôt qu'elle ne s'appliquait pas qu'aux familles mafieuses.

« *Il n'est de problème dont une absence prolongée de solution ne finisse par venir à bout* », disait Henri de Queuille [1]. Telle

1. http://evene.lefigaro.fr/citation/probleme-absence-solution-finisse-venir-bout-26862.php.

semble être la devise de ma famille qui a couvé et couvert des incestes et qui considère que ne rien faire est la meilleure des solutions. Le silence qui a régné apparait aujourd'hui intolérable. Non seulement parce que les auteurs peuvent récidiver et il faut protéger les enfants qui seraient amenés à les croiser, mais en plus parce qu'en 2023, six ans après l'ère #MeToo, on sait à quel point il est libérateur de mettre des mots sur les maux. Le silence de l'inceste cause des désordres et des ravages tant à l'échelle individuelle que familiale, voire sociétale, et cet ouvrage participe de ce mouvement de libération nécessaire de la parole.

Par ailleurs, traiter ce sujet aujourd'hui m'apparaissait pertinent au regard de la chronologie. En effet, le mouvement #MeToo a initié une libération progressive de la parole tant aux États-Unis qu'en France qui a connu son pendant sous le nom #BalanceTonPorc.

En 2020, Louie Média a produit le podcast « Ou peut-être une nuit » de Charlotte Pudlowski. Celle-ci y raconte l'histoire de sa mère qui a été victime d'inceste quand elle était petite. Si d'autres personnes le savaient à cette époque, elles faisaient bien semblant de ne pas savoir. Écouter ce podcast m'a permis de mieux me rendre compte de l'ampleur du phénomène que je ne mesurais pas jusque-là. Et surtout, j'ai réalisé que la situation bizarre que vivait ma famille, avec des auteurs et des victimes d'inceste qui se croisaient régulièrement, n'était étonnamment pas isolée. En 2021, Charlotte Pudlowski a publié un ouvrage, du même nom que son podcast et qui a été d'une grande aide pour la rédaction de ce livre.

C'est aussi en 2021 que Camille Kouchner publie *La Familia Grande* dans lequel elle raconte notamment que son frère jumeau a été violé par leur beau-père, Olivier Duhamel. S'il ne s'agit pas du premier ouvrage biographique ou autobiographique à évoquer le sujet de l'inceste, il est le premier à dénoncer une personnalité connue, puisqu'Olivier Duhamel était, entre autres, journaliste chez Europe 1 ou LCI. De plus, cet ouvrage m'intéressait particulièrement puisque Camille Kouchner a attendu la mort de sa mère pour raconter ce que son frère a subi, comme s'il était nécessaire de laisser des personnes dans l'ignorance lorsque l'on s'apprête à divulguer un secret.

Cet ouvrage était un appel à l'aide. Un appel à l'intervention, pour que l'inceste ne perdure plus et que les dénonciations soient davantage possibles. La Cour de cassation était intervenue concernant le délit de non-dénonciation dans « l'Affaire Barbarin » en avril 2020 [1], mais sa solution avait tant étonné que le législateur étendu la prescription de ce délit par la loi du 21 avril 2021 *visant à protéger les mineurs des crimes et délits sexuels et de l'inceste*.

Malgré un début de libération de la parole et une sensibilisation concernant les répercussions de l'inceste permis par *La Familia Grande*, on assistait encore, en 2022, à une mise sous silence du phénomène. En effet, Valérie Bacot, une jeune femme qui avait subi des violences sexuelles de la part de son beau-père, l'avait épousé et avait fini par le tuer, était jugée cette année-là. Les violences conjugales ont pris la place de l'inceste dans les débats. Dans son ouvrage autobiographique *Tout le monde savait*, Valérie Bacot revient longuement sur les incestes qu'elle a subis lorsqu'elle était petite. D'abord de la part de son frère et dont elle se souviendra des années plus tard. Puis de la part de son beau-père qui sera condamné pour ces faits mais reviendra vivre dans le foyer familial, comme si de rien n'était. Au moment du jugement, en 2022, l'inceste dont a été victime l'accusée a été complètement oublié dans cette affaire.

C'est d'ailleurs après avoir vu la pièce tirée de cette autobiographie, en octobre 2022, que l'idée de travailler sur le silence de l'inceste a germé dans mon esprit. Le silence de la mère de Valérie Bacot et du voisinage, la complaisance de la justice avec l'agresseur, l'absence de suivi après l'exécution de la peine et le fait qu'il ait pu épouser sa belle-fille m'apparaissaient aberrants.

Ce livre s'inscrit ainsi dans cette lignée de libération de la parole sur les agressions sexuelles et sur l'inceste. Cette parole li-

1. Cass. crim. 14 avril 2020, n°20-81.196.

bérée prend à contre-courant le silence qui entourait le phénomène jusqu'alors. Un silence tant dû aux pressions familiales qu'à la honte ou aux impossibilités médicales. Les causes de ce silence, d'ailleurs, sont de mieux en mieux prises en compte par les différents acteurs du procès, c'est-à-dire les magistrats, les enquêteurs et les médecins qui interviennent. Cette levée du silence crée également un renversement du rapport de forces entre l'auteur et la victime de l'inceste. En effet, lorsqu'une victime garde le silence, elle protège, consciemment ou non, son agresseur. En parlant, elle déplace le sentiment de honte et d'impuissance vers la tête de l'auteur de l'inceste.

Enfin, il convient de mentionner la création de la Commission indépendante sur les abus sexuels dans l'Église (CIASE). En octobre 2021, elle a rendu son rapport dans lequel elle met en avant une forme d'« exception française » face à la criminalité, selon laquelle il ne sert à rien de parler d'abus sexuels sur mineurs, puisqu'ils n'existent pas. « *Au commencement était le silence : ainsi pourrait-on résumer la genèse de la CIASE, née d'un trop-plein de silence, accumulé pendant tant d'années* » [1]. Cette Commission a contribué à mettre en lumière les violences commises par des membres du clergé et a conduit à la création, par le Gouvernement français, de la Commission indépendante sur l'inceste et les violences sexuelles faites aux enfants (CIIVISE) en janvier 2021.

J'ai donc souhaité comprendre comment le tabou de l'inceste, sa prohibition aussi lointaine que l'origine de l'humanité, se retournait contre les victimes et non contre les auteurs de ces agressions. J'ai voulu analyser le « système inceste » dont parlent Charlotte Pudlowski et Dorothée Dussy. Ce système qui bloque la parole mais qui, heureusement, s'affaiblit chaque jour un peu plus.

Le Dictionnaire *Larousse* définit le silence comme une « *Absence de bruit dans un lieu calme.* », « *Action de se taire, de ne*

---

1. *Ibid.*

rien dire. » [1]. Le silence implique une dynamique, volontaire ou non, de se retenir de parler, de bloquer la parole.

Quant à l'inceste, il supporte plusieurs définitions. Le *Lexique de Sociologie* en donne trois. Tout d'abord, il définit l'inceste comme une « *Relation sexuelle entre des individus qui sont apparentés à un degré prohibé. On ne peut donc pas définir l'inceste de façon intrinsèque (par la proximité de la parenté biologique par exemple), c'est au contraire la prohibition qui permet de la définir : est incestueuse une relation que la société considérée prohibe en tant que telle.* » [2].

Le *Lexique* distingue ensuite deux formes d'inceste, reprenant la dichotomie instaurée par l'anthropologue Françoise Héritier : un inceste de premier type et un inceste de deuxième type. Le premier est défini comme l'« *inceste relatif aux unions consanguines (mère/fils, père/fille, frère/sœur, etc.).* » [3]. Quant au second, il s'agit d'un « *inceste relatif aux unions ne concernant pas des proches parents : un homme et la sœur de sa femme, un homme et l'ex-épouse de son frère par exemple : ''l'inceste du deuxième type concerne deux personnes de même sang et de même sexe qui se partagent le même partenaire sexuel et se trouvent ainsi en rapport substantiel.''*

Françoise Héritier, en parlant d'inceste du deuxième type, cherche à compléter la thèse de Claude Lévi-Strauss qui, selon elle, ne rend compte dans ses analyses que de l'inceste du premier type. » [4].

D'après le Dictionnaire latin-français de Félix Gaffiot, le mot inceste vient du mot latin *incestum* qui signifie souillure [5]. L'inceste désigne donc par essence quelque chose d'impur et sale.

1. *Dictionnaire Larousse*, disponible sur : https://www.larousse.fr/dictionnaires/francais/silence/72720.

2. DOLLO Christine, ALPE Yves, LAMBERT Jean-Renaud, PARAYRE Sandrine, *Lexique de sociologie juridique*, Dalloz, Coll. Lexiques, 2020, p. 191.

3. *Ibid.*

4. *Ibid.*

5. GAFFIOT, Félix, *Dictionnaire latin-français,* Hachette, 1934, p.793, disponible sur : https://www.lexilogos.com/latin/gaffiot.php?q=INCESTUM.

Or, la saleté, il faut la nettoyer, l'éliminer. Ou alors, *a minima*, la dissimuler. L'origine même du mot « inceste » évoque déjà le désir qu'ont les individus de le cacher. Sauf que cacher la poussière sous le tapis ne l'a jamais fait disparaitre, bien au contraire ! Il en est de même pour l'inceste qui désigne quelque chose que l'individu qui l'a vécu ainsi que sa famille souhaite mettre sous silence, au risque que les faits se reproduisent.

L'inceste est une impureté, un interdit, et même un tabou. Toutefois, un profond silence plane autour. Ce silence opère à la demande et au profit de l'auteur d'inceste d'abord, puis au profit et à la demande du reste de la famille. Il y a comme un accord tacite, dans la société, au profit de la protection de l'auteur de l'inceste. Cette criminalité apparait systémique, mettant en cause une multiplicité d'acteurs qui doivent se remettre en question.

De surcroit, ajoutons que si l'inceste constitue un acte tabou de façon universelle, cet ouvrage se concentrera sur la société française non seulement parce que le temps manquait pour étudier d'autres cultures, mais aussi parce qu'il convenait de cadrer le sujet. Toutefois, une étude comparative à travers le temps et l'espace sera faite dans l'introduction de ce livre ainsi que dans son corps même.

Un silence entoure cet acte, comme si poser des mots sur ce mal rendait impure la personne qui en parle. Alors que la personne impure est plutôt la personne commettant l'inceste. En gardant le silence sur l'inceste, le caractère impur de l'acte est rejeté sur la victime.

Ce livre a pour objectif de comprendre le silence qui entoure l'inceste. Si l'inceste est un tabou, comment se fait-il qu'il soit tant commis ? Selon les chiffres de la CIIVSE datant de novembre 2023, 5,4 millions de Français ont été victimes de violences sexuelles avant l'âge de 18 ans [1]. 160 000 enfants sont,

1. CIIVISE, Rapport final, p.24, disponible sur : https://www.ciivise.fr/wp-content/uploads/2023/11/VERSION-DEF-SUR-LE-SITE-1611.pdf.

chaque année, victimes de violences sexuelles. Cela correspond à un viol ou une agression sexuelle toutes les trois minutes [1].

Face à l'ampleur du phénomène de l'inceste, le législateur a tenté de contraindre les comportements sociaux en réprimant expressément l'inceste dans le Code pénal. Force est de constater que ces efforts furent vains, au regard des chiffres et de la nécessité de nommer une commission spéciale pour mesurer l'ampleur du phénomène.

Partant, ce livre s'inscrit dans cette lignée d'étude des infractions sexuelles, avec un point de vue plus spécifique sur l'inceste. En effet, les infractions sexuelles sont de plus en plus étudiées mais les violences intrafamiliales et, plus particulièrement, celles commises sur les enfants, n'ont pas encore tellement fait l'objet de travaux pluridisciplinaires.

À titre d'exemple, le 31 mai 2023, le Conseil de l'Ordre des Avocats de Paris a organisé, en collaboration avec le Tribunal Judiciaire de Paris, une formation continue sur les violences intrafamiliales. L'inceste aurait eu sa place dans un tel colloque, mais il n'a pas été abordé. Il s'agissait davantage, lors de cette journée, de se concentrer sur les violences au sein du couple. La place de l'enfant n'a été abordée qu'en tant que victime par ricochet des violences commises et subies par ses parents. Lors de cette journée, des avocats, magistrats et psychologues étaient présents, et Madame Isabelle Lonvis-Rome, la Ministre de l'Égalité entre les femmes et les hommes a prononcé les propos conclusifs. L'on remarque le manque, dommageable, de sociologues, d'ethnologues, de travailleurs sociaux et de policiers.

Concernant plus spécifiquement l'inceste, la CIIVISE réalise bien sûr un travail pluridisciplinaire en s'intéressant notamment au rôle des médecins et des professeurs des écoles. Le travail de cette commission a ainsi été d'une grande aide pour la rédaction de cet ouvrage qui s'attardera également sur l'Histoire et la sociologie.

---

1. *Ibid.*

Comprendre les mécaniques du silence, ses raisons, son caractère universel et intemporel, tels sont les objectifs de ce livre. Il apparait que l'inceste constitue une infraction très particulière que la société a eu du mal à appréhender et à réprimer en son sein, et le droit à sa suite. Quant à la psychologie, la psychanalyse a contribué à créer un flou concernant le caractère dévastateur de ces actes. Aujourd'hui, elle tente d'aider la sociologie et le droit à évoluer pour que l'inceste cesse et que le silence qui l'entoure tombe. La criminologie, en tant que discipline pluridisciplinaire, permet d'apporter une multitude de regards sur le phénomène qui manque dans l'étude de ces actes.

De surcroit, en plus de tenter de comprendre le phénomène du silence de l'inceste, ce livre tentera d'apporter des solutions au silence de l'inceste, toujours dans une optique pluridisciplinaire. Il apparait en effet que la simple étude et compréhension, même multifactorielle, du phénomène serait largement inaboutie et insuffisante. De sorte que tant les causes que les conséquences et répercussions du silence de l'inceste seront évoquées, afin de mieux appréhender les enjeux et d'apporter les solutions les plus précises possibles.

L'inceste constitue un tabou universel. Durant l'Antiquité, les Égyptiens autorisaient toutefois les frères et sœurs de la famille royale à se marier entre eux. De sorte que si l'inceste conservait son caractère interdit et tabou, un intérêt plus grand poussait les Égyptiens à accepter de telles unions : la protection d'une lignée.

Lévi-Strauss a démontré, à la suite de Durkheim, que l'interdit de l'inceste avait toutefois un objectif, une raison d'être : l'exogamie et la nécessaire création d'alliances afin de rendre un peuple plus fort. Dès lors, cet interdit n'a pas grand rapport avec la génétique. Certes, la répétition d'unions consanguines cause des risques génétiques. Ce n'est toutefois pas la préoccupation première des sociétés primitives qui ont interdit l'inceste. L'interdit de l'inceste est donc intrinsèquement social et n'a rien de biologique.

Sigmund Freud a affirmé que l'inceste se logeait dans les fantasmes. Or, les fantasmes n'ont pas vocation à se réaliser et doivent demeurer confinés dans l'inconscient des individus, comme des secrets indicibles. Le fantasme d'inceste se rapproche, selon Freud, de celui du parricide. Partant, la figure d'Œdipe est particulièrement pertinente puisqu'il réalise les deux. D'ailleurs, lorsqu'il comprend ce qu'il a fait, il a si honte qu'il se crève les yeux. De cette manière, Œdipe est comme un éternel dormeur qui laisse ses fantasmes tourner dans sa tête. En se crevant les yeux, le roi de Thèbes refuse aussi de voir les conséquences concrètes de ses actes : ses enfants dont il est aussi le frère.

Quand Œdipe est confronté à la réalité de ce qu'il a commis, il s'éloigne de sa famille, partant en exil. La découverte de l'inceste est, dès le mythe écrit par Sophocle, cause de rupture et morcellement des relations familiales. Le mythe d'Œdipe invite, semble-t-il, à garder le silence sur l'inceste.

Ce mythe constate les ravages de l'inceste dans une famille et constitue le fondement de la psychanalyse par Freud. Cette science sera mal comprise, mal exploitée et conduira les victimes d'inceste à ne pas parler de ce qu'elles ont vécu. Freud affirme que chaque enfant éprouve un désir incestuel pour son parent qui lui permet de construire sa sexualité. Anne-Claude Ambroise-Rendu a mis en garde contre les interprétations simplistes de la psychanalyse qui ont été faites au XXème siècle. Selon ces dernières, l'inceste ne serait qu'un fantasme, un acte jamais accompli. De sorte que les « victimes » qui affirment avoir vécu un inceste l'auraient simplement fantasmé. Ces interprétations, pour Anne-Claude Ambroise-Rendu ont largement participé au silence entourant ces actes. De sorte qu'elle invite à oublier ces propos fantaisistes, à se recentrer sur les propos de Freud qui a permis de comprendre le traumatisme infantile et le caractère répétitif de l'inceste ou son imprégnation dans une lignée familiale.

L'analyse de la famille d'Œdipe permet en effet de mettre en avant cette espèce de malédiction, selon Freud. Il appert de ce mythe que le grand-père d'Œdipe était un roi tyrannique et que son père, incapable de comprendre la notion de consentement, a jugé bon d'enlever un jeune homme dont il était tombé amoureux. Œdipe est empreint de cette histoire familiale dont il ne connait rien. Cette ignorance ne l'empêchera pas de continuer le mal initié par ses aïeux. Laïos et Jocaste étaient persuadés qu'abandonner leur fils, ne rien lui dire de son histoire familiale et personnelle, allait briser la malédiction qui les entourait. Il s'est produit le contraire de ce qu'ils espéraient. Par l'utilisation de ce mythe, Freud pose les bases de ce qui sera appelé, dans les années 1970, la psychogénéalogie.

Si la sociologie et la psychologie ont tenté de mettre des explications sur l'interdit de l'inceste dès le XIXème siècle, le droit a eu beaucoup de difficultés, non seulement à l'interdire, mais aussi à contribuer à sa dénonciation. Il s'agit d'une infraction si intime que la légitimité du droit à intervenir peut être questionnée. Jean Verdon a rappelé dans son ouvrage *Être chrétien au Moyen-Âge* que l'Église interdit l'inceste dès ses origines, puisque la Torah interdit les liaisons incestueuses, même (voire surtout) entre adultes. Le droit canon ayant fortement influencé le droit séculier, celui-ci a cherché à criminaliser l'inceste à partir du XIXème siècle. A une époque très portée vers les sciences naturelles, les mathématiques et un raisonnement très pragmatique, il fut plus aisé d'avancer l'argument biologique pour interdire l'inceste que la nécessité sociale d'exogamie. Non seulement ce ne fut pas suffisant, mais en plus Anne-Claude Ambroise-Rendu note une pudeur concernant le fait de nommer l'inceste. Même les procureurs tournent autour du sujet. Il apparait, dès lors, difficile de réprimer un acte qu'on n'ose pas nommer. Il ressort un refus de l'autorité judiciaire d'intervenir dans la vie privée des individus qui, finalement, devraient laisser ces affaires en famille.

Le mot « inceste » ne fait son apparition dans le Code pénal qu'en 1980. Toutefois, avec la réforme du Code pénal en 1994, le mot disparait. Il réapparait, brièvement, en 2010, mais il est rapidement supprimé. Depuis 2021, les viols incestueux sont réprimés par le Code pénal en tant qu'infraction autonome. Pour les associations de défense des droits des enfants, la loi du 21 avril 2021 *visant à protéger les mineurs des crimes et délits sexuels et de l'inceste* constitue une avancée majeure, tant dans la reconnaissance des droits des victimes que dans le combat contre l'invisibilisation de l'inceste.

La CIIVISE a rendu différents rapports sur l'inceste, s'intéressant tant aux droits des victimes, qu'aux solutions qu'il conviendrait d'apporter pour réprimer l'inceste et briser le silence qui l'entoure, qu'aux conséquences de ce silence pour la société. En effet, si les familles qui pensent qu'il s'agit d'une affaire qu'il convient de régler uniquement en leur sein, elles se trompent lourdement, comme le montrent le rapport de la CIIVISE publié le 12 juin 2023 sur « Le coût du déni ». Celui-ci met en exergue que le silence de l'inceste, le refus d'inciter les victimes à parler de ce qu'elles ont vécu, coûte plus de 9 milliards d'euros par an. La commission a mis l'accent sur l'éducation des enfants et des personnels soignants et éducatifs. Pour ses membres, il convient de parler pour inciter à parler et à mettre des mots sur les maux. Il s'agit d'ailleurs de la dynamique que souhaite instaurer la justice restaurative.

Cette forme de justice, expérimentée à partir du milieu des années 1970 dans l'État de l'Ontario, au Canada, invite les auteurs et les victimes d'infractions à dialoguer dans le but d'éviter l'ostracisation de l'une ou l'autre partie. La France a mené une première expérimentation de justice restaurative en 2010 au sein de la maison centrale de Poissy et l'a inscrite dans le Code de procédure pénale par la loi du 15 avril 2014 [1]. Il existe un Guide de justice restaurative qui précise que cette mesure est extérieure au parcours judiciaire de l'auteur ou de la victime. De sorte que, dans le cadre d'une situation mêlant autant de matières que l'inceste qui intéresse tant la sociologie, que le droit et la psychologie, inviter des incesteurs et incestés à dialoguer ne parait pas absurde.

Au contraire, la criminologue Thérèse de Villette a constaté que les auteurs d'agressions sexuelles sur mineurs avaient tendance à minimiser l'impact de leurs agressions. Ils « *aimai[ent]*

1. CARIO, Robert, « La justice restaurative en France, des normes et leurs dévoiements », *AJ Pénal*, 2021, p. 242.

[l'enfant] et voulai[ent] lui donner de la tendresse. » [1], affirment-ils parfois. La criminologue affirme que, s'il est nécessaire que justice soit faite, qu'il faut éloigner l'auteur des agressions, il s'agit aussi de restaurer la victime dans sa dignité. Elle s'intéresse également à l'auteur de l'infraction qui se trouve « bombardé » de questions de la part des magistrats et des avocats qui, en plus, utilisent un vocabulaire particulièrement technique que le prévenu ne maîtrise pas alors qu'il est censé être au cœur de leurs préoccupations [2]. De sorte qu'en invitant des auteurs et des victimes d'infractions similaires (sans pour autant être liés par les mêmes faits ou la même procédure judiciaire) à discuter, la justice restaurative met les participants sur un pied d'égalité afin de comprendre les conséquences de l'infraction. Cette forme de justice, que Thérèse de Villette appelle aussi Justice réparatrice, fait appel à l'empathie et à la responsabilisation de l'auteur qui n'est plus passif face à des juristes qui l'assaillent de questions dont il ne perçoit pas la portée. Quant à la victime, elle est mise au cœur de l'attention, cherchant à se reconstruire à travers une compréhension du parcours de l'agresseur en face d'elle. Par ailleurs, la victime peut poser des questions qu'elle juge plus personnelles. Le récent long-métrage de Jeanne Herry, « Je verrai toujours vos visages », met en exergue le décalage entre les questions posées par les enquêteurs et magistrats et le ressenti de la victime, à travers le personnage de Chloé, interprété par Adèle Exarchopoulos. Chloé a subi un inceste de la part de son frère aine et, lorsqu'elle a porté plainte, les enquêteurs lui ont demandé à quelle profondeur l'auteur d'inceste l'avait pénétrée avec les doigts. S'il s'agit d'une question *a priori* nécessaire à la caractérisation du viol, la victime perçoit surtout cette question comme étant hors de propos. Pour Chloé, dans le long-métrage, ce qui importe est comment elle a ressenti ce que son frère lui faisait, la

---

1. DE VILLETTE, Thérèse, « La justice restaurative : une voie de résilience pour auteurs et victimes d'actes pédophiles », *Revue d'éthique et de théologie morale*, vol. 306, n°. 2, 2020, pp. 111-120.

2. *Ibid.*

douleur qui était la sienne. Ce n'est pourtant pas ce sur quoi la police s'intéresse.

Il y a en effet un manque de formation de la part des acteurs de la Justice qui ne posent pas les bonnes questions et n'utilisent pas les bons termes. En s'inscrivant en dehors du parcours judiciaire, la justice restaurative met de côté le carcan, la procédure et les questions (apparemment) sans importance pour se concentrer sur l'essentiel : la reconstruction de la victime et de l'auteur. Celui-ci peut d'ailleurs, également, parvenir à mettre des mots sur ce qu'il a vécu, puisqu'il n'est pas rare que les auteurs d'inceste perpétuent ce qu'ils ont subi.

« *C'est la première fois que je peux enfin mettre les choses sur la table. J'étais devenue une femme soumise, incapable de dire non.* » [1] a dit une femme victime d'inceste à Thérèse de Villette, preuve de la pertinence de la justice restaurative en matière d'inceste. D'ailleurs, cette forme de justice est en plein essor en France [2].

De sorte que, tant la psychologie, que le droit ou la sociologie se sont penchés sur l'inceste et le silence qui l'entoure, tentant de trouver des solutions afin de mettre fin à ce silence. Il appert que toutes ces disciplines ont un rôle à jouer dans la mise en avant de la parole au détriment du silence. Même dans l'application de la peine, il convient d'inviter l'auteur de l'infraction à parler afin de le mettre face à ses responsabilités. Quant à la victime, mettre des mots sur ce qu'elle a subi lui rend la dignité qu'elle a perdue. En effet, Dorothée Dussy remarque que la victime est mise de côté dans sa famille qui préfère prendre fait et cause pour l'auteur de l'inceste plutôt que de pour la victime. La douleur de cette dernière n'est pas prise en compte par ceux qui devraient la protéger.

A cet égard, la psychologue Hélène Romano s'est intéressée aux cas des mères qui avaient connaissance de l'inceste mais

---

1. *Ibid.*

2. Voir Institut Français pour la justice restaurative, justicerestaurative.org et CARIO, Robert, *La Justice restaurative en France. Une utopie créatrice et rationnelle*, L'Harmattan, 2020, 140 p.

n'ont pas agi [1]. Reprenant peu ou prou les catégories de mères développées par John Bowlby et Mary Ainsworth, Hélène Romano constate que plusieurs réactions sont possibles lorsqu'elles apprennent ce que leur enfant a subi [2] :

- Les mères sécures (*secure*) : elles croient tout de suite leurs enfants qu'elles ne culpabilisent pas.
- Les mères incrédules et ambivalentes : elles se posent la question de croire leur enfant, tout en le refusant. De ce fait, elles banalisent les faits, estimant que les gestes ont été « mal interprétés ». Si l'enfant garde le silence, ces mères seront préservées de tout mal, leur capacité à être mère ne sera pas remise en cause, parce que c'est ce qui leur importe. Pour l'enfant, victime, ce discours est difficile à entendre.
- Les mères insécures (*insecure*) : elles accusent leurs enfants de mensonge, souvent violemment. Hélène Romano souligne que ce comportement peut briser tout lien entre mère et enfant, ce dernier se sentant trahi. La mère refuse de conceptualiser l'inceste.

Hélène Romano précise qu'une mère peut changer de position au cours du temps. Elle ajoute, en reprenant les travaux de la psychologue Judith Herman, qu'il est possible de considérer que les mères sont complices de leurs maris, frères ou pères. Ces femmes sont souvent malades, déprimées, dépendantes de leurs conjoints et « *portent [...] un déséquilibre psychique* » [3].

L'acte d'inceste peut donc être facilité par l'entourage, dont la mère de la victime. Illel Kieser El Baz rappelle qu'en criminologie, les pédophiles sont classés en différentes catégories : les

---

1. ROMANO, Hélène. « Figures des mères non mises en cause », Patrick Ayoun éd., *Inceste, lorsque les mères ne protègent pas leur enfant*. Érès, 2013, pp. 101-126.

2. *Ibid.* Etant entendu qu'Hélène Romano précise que ces catégories ont été construites grâce à des observations cliniques, aucune étude, quantitative ou qualitative, n'existant à ce sujet.

3. *Ibid.*

immatures, les régressifs et les pervers [1]. Toutefois, établir de façon systématique une telle classification apparait délicat, « *chaque être humain, pédophile ou non, étant un individu complexe et unique* » [2].

Néanmoins, un goût prononcé pour la domination et l'emprise est caractérisé parmi les auteurs d'inceste selon Dorothée Dussy. Yves Bonardel abonde dans son sens dans *La domination adulte*, soulignant que les enfants victimes d'inceste et autres violences intrafamiliales ne disposent pas de la personnalité juridique et ne peuvent se défendre. L'enfant est une cible facile à atteindre, à manipuler et dont il est, dès lors, aisé de convaincre de garder le silence. « *Les enfants victimes d'abus sexuels dans leur famille se taisent, car le silence qui entoure cette pratique de leur vie quotidienne, éventuellement assorti de menaces, leur apprend à se taire.* » [3], disait déjà Dorothée Dussy en 2005. Les auteurs d'inceste commettent ces actes, selon l'anthropologue, parce qu'ils en sont capables et n'ont aucun doute quant au fait qu'ils seront protégés.

Cet ouvrage exploitera tous ces travaux, poursuivant l'analyse du silence de la honte et examinant le rôle de chacune des disciplines choisies, la sociologie, la psychologie et le droit, dans le silence de l'inceste. Alors que ces sciences ont vocation à réprimer et faire cesser le silence de l'inceste, nous tenterons de comprendre pourquoi et comment elles échouent.

Par contre, il convient d'aborder ici un point qui ne sera pas étudié plus tard : la situation au-delà de nos frontières. Au début du XIXème siècle, Sigmund Freud avait constaté, chez des peuples australiens, que l'inceste constituait un tabou structurant

---

1. KIESER EL BAZ, Illel, *Inceste et pédocriminalité : crimes contre l'humanité*, Broché, 2019, p. 61.

2. *Ibid.*, p. 60.

3. DUSSY Dorothée et SHELLY Marc, « Inceste, faut-il réagir ou désinformer ? », L'Humanité, 25 mars 2005. *In* BONARDEL, Yves, *La domination adulte. L'oppression des mineurs*, Myriadis, 2015, p. 113.

la société. Il ne pouvait être dépassé sous aucun prétexte. D'ailleurs, « *la transgression de cette loi est punie de mort.* » [1]. Le psychanalyste avait également remarqué que l'interdit de l'inceste s'étendait même à tous les membres d'un groupe, sans qu'ils soient nécessairement liés par le sang. De sorte que, s'il en était besoin, preuve en est que l'interdit de l'inceste a une portée universelle. Il ne concerne d'ailleurs pas que les relations entre un adulte et un enfant, mais également des relations entre adultes et des relations entre enfants.

En 1994 s'est tenu le neuvième Congrès international du droit pénal à La Haye. Sur les dix-neuf pays réunis, la France faisait partie des huit pays à ne pas prévoir d'infraction spécifique sur l'inceste [2]. De sorte qu'en 2002, le Sénat a rédigé un rapport afin de déterminer la pertinence d'incriminer spécifiquement l'inceste [3]. Pour mener à bien son étude, le Sénat a comparé les législations de nos voisins européens. Il en est ressorti que l'Espagne et le Portugal érigeaient le lien familial en circonstance aggravante. En revanche, la qualification d'inceste n'existait pas. De même qu'en Allemagne, en Angleterre, au Danemark et en Suisse, où la peine ne change pas lorsqu'il est question de violences sexuelles intrafamiliales. Tout au plus, souligne le rapport du Sénat, un retrait de l'autorité parentale peut être envisagé. Les systèmes juridiques de ces États ne semblent pas vouloir incriminer plus sévèrement un frère, une cousine ou un oncle qui aurait commis un inceste. Concernant les relations incestueuses librement consenties entre adultes, le Code pénal italien a une vision assez étonnante de la situation, ne les pénalisant que si elles sont

---

1. FREUD, Sigmund 1912-1913, p. 11 *in* MARTI, Anne-Laure, et DUFOUR Véronique. « Des « quasi »-frères et sœurs : inceste et confusion générationnelle », *La lettre de l'enfance et de l'adolescence*, vol. 78, n°4, 2009, pp. 53-59.

2. VERDRAGER, Pierre. « Chapitre 2. La pédophilie à l'épreuve des années 1970-1980 », *L'enfant interdit. De la défense de la pédophilie à la lutte contre la pédocriminalité*, sous la direction de VERDRAGER Pierre, COLIN Armand, 2021, pp. 25-135.

3. https://www.senat.fr/lc/lc102/lc1020.html.

notoires. Ce système juridique invite, dès lors, au silence. De surcroit, en Italie, une relation sexuelle, même consentie, avec un adolescent de 14 ans ou moins est toujours qualifiée de crime sexuel. [1]

Il ne s'agit pas du seul pays accordant une importance à l'âge dans la qualification ou l'aggravation des infractions sexuelles sur mineurs. En effet, comme le souligne le rapport de Christian Estrosi de 2005 concernant l'élaboration d'une infraction spécifique d'inceste, les Pays-Bas fixent une limite à 12 ans, 14 ans en Allemagne, 15 ans en République Tchèque, 16 ans en Suisse [2]. Le rapport parlementaire souligne également que la qualité d'ascendant de la victime d'agression sexuelle constitue une circonstance aggravante dans ces États, augmentant le quantum de la peine encourue par l'auteur de l'infraction. Toutefois les relations sexuelles librement consenties entre adultes ne constituent pas non plus une infraction, à l'instar du droit français. Le tabou universel de l'inceste n'est donc plus aussi fort qu'il le fut.

Maxime Lassalle, Maître de conférences en droit privé et sciences criminelles à l'Université de Bourgogne, souligne par ailleurs que la question de l'incrimination spécifique de l'inceste se pose dans tous les pays. Ainsi, en 2003, en Angleterre, un rapport a été publié concernant les relations sexuelles entre membres d'une même famille. L'utilisation du mot « inceste » a été vivement critiquée, remarque Maxime Lassalle, car il désignait à la fois les relations incestueuses consenties et les non-consenties. Il s'agissait, semble-t-il, de justifier l'interdiction des relations sexuelles intra-familiales consenties. Partant, tant la mauvaise définition que la mauvaise utilisation du mot « inceste » ont eu pour conséquence la suppression du mot « inceste » du *Sexual Offences Act* de 2003. Maxime Lassalle considère alors que, en dépit de cette absence de mot spécifique dans la loi pour décrire

---

1. GUERY, Christian, « L'inceste : étude de droit pénal comparé », *Recueil Dalloz*, 1998, p. 47.

2. ESTROSI, Christian, « Mission Parlementaire : faut-il ériger l'inceste en infraction spécifique ? », 2005, disponible sur : https://www.vie-publique.fr/rapport/27486-mission-parlementaire-eriger-linceste-en-infraction-specifique.

ces relations, il y a une présomption de non-consentement aux relations sexuelles intra-familiales [1]. Cette position apparait bien plus cohérente avec l'interdit de l'inceste tel que conçu par Lévi-Strauss.

Concernant la prescription, Maxime Lassalle remarque qu'elle peut être abordée de deux manières différentes : d'un point de vue subjectif ou d'un point de vue objectif. Dans le premier cas, retenu en *Common Law*, le point de départ de la prescription peut être décalé en raison de circonstances particulières et propres à la victime. Cette approche de la prescription permet à la victime de prendre tout le temps dont elle a besoin pour parler de ce qu'elle a vécu.

A l'inverse, dans la vision objective de la prescription, la règle est la même pour tous. Le Code de procédure pénale français s'inscrit plutôt dans cette idée. Bien-sûr, Maxime Lassalle souligne l'existence de l'article 9-3 du Code de procédure pénale qui permet de suspendre le délai de prescription. Cependant, la Chambre Criminelle de la Cour de cassation a refusé, à plusieurs reprises, de l'appliquer aux cas des victimes d'agressions sexuelles et d'inceste [2]. Ce n'est pas la position de la Cour Suprême du Canada qui, en 1950, a reconnu un « syndrome des victimes de l'inceste » qui justifie un départ de la prescription à partir du moment où la victime entreprend une thérapie. La Cour a également considéré que la crainte inspirée par l'auteur de l'infraction pouvait justifier un refus de parler de la part de la victime et un décalage du point de départ de la prescription. Cette jurisprudence est rendue possible par l'article 2904 du Code civil canadien aux termes duquel : « *La prescription ne court pas contre les personnes qui sont dans l'impossibilité en fait d'agir soit par*

1. LASSALLE, Maxime, « L'appréhension de l'inceste non-consenti par le droit pénal. Réflexions comparatistes sur l'usage du mot inceste en droit pénal », *Revue Lexsociété*, 2023.

2. Cass. Crim. 17 oct. 2018, n° 17-86.161 et Cass. Crim. 13 janv. 2021, n° 19- 86.509. *In* LASSALLE, Maxime, « L'appréhension de l'inceste non-consenti par le droit pénal. Réflexions comparatistes sur l'usage du mot inceste en droit pénal », *op. cit.*

elles-mêmes, soit en se faisant représenter par d'autres. ». Or il apparait évident qu'un enfant puisse se retrouver dans l'impossibilité d'agir par crainte de représailles de la part de son agresseur. Cet enfant se trouve encore moins en capacité de se faire représenter par d'autres puisque, par hypothèse, il agit *via* ses parents qui sont parfois ses bourreaux. La jurisprudence canadienne, remarque Maxime Lassalle se montre néanmoins exigeante vis-à-vis de l'application de cet article qui doit demeurer exceptionnelle.

Enfin, au Québec, la réparation des préjudices corporels est imprescriptible si ces préjudices résultent d'une agression à caractère sexuel ou de violences subies durant l'enfance, aux termes de l'article 2926.1 du Code civil.

Le 16 septembre 2022, le Président Joe Biden a promulgué une loi fédérale concernant la prescription. L'*Eliminating Limits to Justice for Child Sexe Abuse Victims Act* rend ainsi imprescriptible toutes les infractions commises sur les mineurs.

L'imprescriptibilité a également fait une brève entrée en droit belge sur le volet pénal et concernant certaines infractions sexuelles. Cette question de l'imprescriptibilité est régulièrement débattue en France – ardemment défendue par l'association Face à l'Inceste et par la CIIVISE dans sa Préconisation-clé n°4 – elle n'a jamais été votée. La Belgique s'est finalement rapidement ralliée à la position française, estimant qu'il y aurait rupture d'égalité devant la loi pénale si le même régime était appliqué aux infractions sexuelles et aux crimes contre l'humanité. La position objective au regard de la prescription de l'action publique marque une volonté de ne pas ériger les infractions sexuelles, dont l'inceste, en infraction particulière. [1]

Il convient enfin de souligner que le silence de l'inceste est également présent dans d'autres cultures. Par exemple, aux Philippines, le *Department of Social Welfare and Development* (DSWD) a dénombré, entre 2011 et 2016, 2770 cas d'incestes sur

---

1. LASSALLE, Maxime, « L'appréhension de l'inceste non-consenti par le droit pénal. Réflexions comparatistes sur l'usage du mot inceste en droit pénal », *op. cit.*

un total de 7418 victimes d'agressions sexuelles. Toutefois, en raison du tabou que constituent ces actes, le DSWD est conscient que le chiffre noir de cette criminalité est bien plus élevé. Selon Laurence Ligier, une Française vivant aux Philippines et présidente de l'organisation non gouvernementale Cameleon, il faudrait multiplier par 10 les estimations du DSWD. [1] Les familles des victimes ne croient pas plus les enfants aux Philippines qu'en France. "*She never believed me. She never did anything about it.*" [2], témoigne Lori, violée par son oncle à l'âge de 7 ans, en 2009. En 2013, ses petites sœurs ont subi le même sort et ont dénoncé les faits à leur mère et leur grand-mère qui ont préféré leur laver le vagin. Il a fallu attendre que Lori ait le courage de parler aux autorités pour que sa mère la croie enfin. [3] L'association Cameleon, créée par Laurence Ligier, est spécialisée dans l'accompagnement d'enfants victimes de violences sexuelles. La prise en charge proposée passe notamment par le dessin et les arts plastiques, avec une dimension très importante de resocialisation. Les victimes se sentent ostracisées, il convient de leur faire comprendre qu'elles ne sont pas coupables.

Alors pourquoi le silence de l'inceste est-il la norme, et la dénonciation l'exception ? Dorothée Dussy estime que la domination masculine est à l'origine de cette situation. Freud pense que l'inceste n'est qu'un fantasme. Quant aux juristes, ils tentent vainement de réprimer l'infraction et les personnes qui la laissent se réaliser. Dans les années 1970 est née l'expression « culture du viol », qui montre la banalisation de certains comportements de la part des hommes envers les femmes. Partant, cette banalisation a entrainé, à la fois une invisibilisation de ces situations, et une négation de la souffrance des victimes. Il en est de même pour

---

1. https://www.rappler.com/features/newsbreak/investigative/171457-incest-rape-philippines-sexual-abuse/index.html.

2. « Elle ne m'a jamais crue. Elle n'a jamais rien fait pour m'aider. », *Ibid.*

3. *Ibid.*

l'inceste qui, pour Dorothée Dussy [1] et Patric Jean [2], s'inscrit dans ce sillage. L'inceste n'est qu'une manifestation de la domination des plus forts (les hommes) sur les plus faibles (les femmes et, en l'espèce, les enfants). Une domination si intégrée socialement et psychologiquement qu'elle n'a pas à être remise en cause. Il semblerait donc que le silence de l'inceste soit dû à une forme d'habitude tant de la part des auteurs, que des victimes et de leur entourage.

Le mouvement #MeToo aurait dû inciter le législateur et les juristes à mettre en place lois et mesures de politiques publiques afin de lutter contre le fléau des agressions sexuelles. Le pendant français de ce mouvement, #BalanceTonPorc, se décline également sous la forme d'un site internet qui est régulièrement alimenté. La catégorie « Cercle familial » est la deuxième la plus alimentée du site, contenant 1710 témoignages, au 9 juillet 2023 [3]. Le rapport final de la commission révèle que, dans 81% des cas, les agressions sexuelles commises sur mineurs, l'agresseur est un membre de la famille [4]. La CIIVISE a recueilli, en un an, 16 414 témoignages [5] et certaines victimes l'ont remerciée pour cette main tendue, n'ayant jamais eu, auparavant, l'occasion ou la force de parler de ce qu'elles avaient vécu.

Un mouvement de libération de la parole sur les infractions sexuelles, dont l'inceste, est ainsi en marche mais il est encore faible. Dans son ouvrage *Le déni du viol,* Denis Salas note que seulement 1% des auteurs de viols sont condamnés en raison de la honte de la victime, d'un processus judiciaire pénible et d'un

---

1. DUSSY, Dorothée, *Le Berceau des dominations. Anthropologie de l'inceste*, Pocket, 2021.

2. JEAN, Patric, *La loi des pères*, Éditions du Rocher, 2020.

3. https://www.balancetonporc.com.

4. CIIVISE, Synthèse du rapport final, p.14, disponible sur : https://www.ciivise.fr/wp-content/uploads/2023/11/Synthese-VF.pdf .

5. https://www.ciivise.fr/wp-content/uploads/2022/09/1-an-dappel-a-temoignages_CIIVISE.pdf.

manque de preuve [1]. En effet, le magistrat rappelle que la procédure pénale exige une preuve quasi-certaine, en raison de la gravité de l'enjeu : la liberté de la personne poursuivie. Or, prouver l'absence de consentement de la victime, souvent plusieurs années après les faits, apparait particulièrement difficile, voire impossible. Le droit pénal et la procédure pénale ne sont pas adaptés, semble-t-il, à l'accueil de la parole. Pourtant, celle-ci est salvatrice, comme le montrent les réactions des victimes à l'appel à témoignages de la CIIVISE et les résultats de la justice restaurative qui invite justement au dialogue. Le caractère inadapté de la procédure pénale est mis en exergue par des arguments tant sociologiques que psychologiques. De sorte que le droit doit, apparemment, se construit en prenant en compte une multitude de facteurs. Le législateur a, semble-t-il, des difficultés à articuler les exigences procédurales de la présomption d'innocence, l'exigence constitutionnelle d'une loi pénale précise et la volonté des victimes d'être entendues et reconnues dans leurs souffrances.

Il convient donc d'adopter une approche pluridisciplinaire. Cette méthodologie entre dans la démarche criminologique qui met en œuvre une multitude de disciplines choisies, à savoir la sociologie, la psychologie et le droit, pour répondre à la question « pourquoi le silence de l'inceste est-il devenu la norme, et la dénonciation l'exception ? ».

En sociologie, Lévi-Strauss et sa théorie de l'exogamie justifiant l'interdit de l'inceste doit être abordée. A cette explication de la prohibition de l'inceste doit être ajoutée la question du patriarcat permettant la banalisation de cet acte et dénoncée par Dorothée Dussy. La sociologie adopte un regard global sur une population afin d'analyser l'inceste et son silence.

La psychologie, de son côté, s'attache plutôt à la victime elle-même. Le point de vue est plus individuel, même si une analyse

---

1. SALAS, Denis, *Le déni du viol*, Michalon, 2023. *In* CHEMIN, Anne, « Denis Salas "L'approche narrative doit être privilégiée pour les victimes de violences sexuelles" », *Le Monde*, 20 juin 2023, p. 29.

de la psychologie collective sera également menée, puisque le silence concerne tant les victimes que leur entourage.

Quant au droit, il tente de réprimer l'inceste et son silence. Ce n'est qu'une tentative puisque, non seulement le système répressif est inefficace en raison de complexités procédurales, mais en plus parce qu'il est incohérent avec le droit civil qui permet le mariage entre cousins. Le droit ne se fonde plus sur l'interdit de l'inceste, mais sur la protection des mineurs. Alors qu'il serait peut-être judicieux que ces deux aspects constituent un seul et même socle pour le droit pénal afin qu'il gagne en efficacité et en pertinence. Il convient à ce stade d'ajouter que le droit pénal et le droit civil doivent être abordés ensemble, puisque l'inceste n'atteint pas que la victime, mais la filiation elle-même. Lorsqu'un inceste est commis, la cellule familiale est heurtée, selon les analyses tant sociologiques que psychologiques. D'ailleurs, la loi du silence est non seulement prononcée par l'auteur de l'inceste, mais aussi par la famille tout entière. De plus le droit pénal concerne non seulement l'élaboration des infractions, mais également celle des peines, c'est-à-dire la situation du condamné après le jugement. *Quid* toutefois de la situation de la victime ? Elle obtient éventuellement une réparation pécuniaire pour son préjudice, mais encore ? Il convient d'étudier comment le droit peut s'adapter pour mieux prendre en compte la victime, lui rendre la dignité qu'elle a perdue à cause de l'inceste. La justice restaurative intervient alors pour agir en ce sens, pour rendre la dignité perdue tant aux personnes victimes qu'aux personnes auteures. Les conséquences et répercussions de l'inceste sur la victime doivent également être envisagées, afin de comprendre ses attentes lors du procès lorsqu'il y en a un. Ce livre se divise ainsi en quatre chapitres qui abordent successivement la vision du silence de l'inceste par la sociologie (au sens large), la psychologie (au sens large), le droit et la justice restaurative.

Seule la méthode documentaire a été employée pour la rédaction de ce livre. Nombre de témoignages existent, que ce soit de la part de praticiens de chacune des matières envisagées ou de victimes, et sont largement exploitables. Deux ou trois enfants par classe seraient victimes d'inceste [1]. Partant, nous connaissons tous au moins une personne ayant subi des violences sexuelles intrafamiliales – selon les conclusions de la CIIVISE. L'auteur de ces lignes en connait trois et il n'apparaissait pas pertinent de mener un sondage pour savoir si, effectivement, tout le monde connaissait des victimes d'inceste. Les documents utilisés sont des articles de revues scientifiques, des essais, des rapports parlementaires, des décisions de justice, des commentaires de décisions de justice, des témoignages ou autobiographies de victimes, ou encore des témoignages de praticiens. Ces documents sont mis en relation les uns avec les autres afin d'avoir un panorama et une analyse aussi exhaustifs que possible sur le silence de l'inceste, concernant ses causes, ses conséquences et ses répercussions. En plus de mener une analyse croisée de ces articles et témoignages, ce livre tentera d'analyser les propos, les explications et les solutions trouvées pour mettre fin au silence de l'inceste.

1. GOULET, Perrine, « Pour lutter contre l'inceste ''Nous devons intégrer l'éducation au corps dès la classe de maternelle'' », *Le Monde*, Tribune, 17 novembre 2021, disponible sur : https://www.lemonde.fr/idees/article/2021/11/17/pour-lutter-contre-l-inceste-nous-devons-integrer-l-education-au-corps-des-la-classe-de-maternelle_6102448_3232.html

1

Le silence de l'inceste en sociologie

Si, sociologiquement, l'inceste constitue un interdit ancestral (Section 1), il apparait aujourd'hui acceptable au point d'être banalisé (Section 2).

Section 1. L'interdit ancestral de l'inceste

Si les interdits existent pour des raisons utiles (§1), il convient de connaitre celles de l'inceste (§2). Ces raisons n'apparaissent cependant pas suffisantes pour réprimer socialement l'inceste et son silence (§3).

§1. L'utilité d'un interdit

L'interdit se définit comme une « *Contrainte imposée par une autorité, un groupe social, ou que l'individu s'impose à lui-même, et qui interdit la pratique de certains actes, l'usage de certaines choses.* » [1].

---

1. https://www.cnrtl.fr/definition/interdit.

Les ethnologues et anthropologues, selon Suzanne Lallemand, considèrent que le mot « interdit » est synonyme de « tabou ». Ils relèvent que les toutes les cultures et toutes les religions connaissent des interdits, des prohibitions, des tabous. Qu'ils soient liés à la magie ou à la superstition, une catégorie d'actes a toujours été placée sous le coup d'un interdit. [1]

Les interdits existent pour réguler les rapports sociaux, selon des auteurs du XIXème siècle, adeptes des théories fonctionnalistes[2] dans la lignée de laquelle s'inscrit Claude Lévi-Strauss.

Le XXème siècle a connu d'autres théories qui ont tenté de donner un sens aux interdits. Ainsi Mary Douglas s'est-elle intéressée aux interdits alimentaires prescrits par le *Lévitique* : les animaux présentant une rupture par rapport à l'habituel ne peuvent être consommés par l'Homme. Par exemple, les poissons qui n'ont ni écailles ni nageoires constituent une sorte d'anomalie dans le monde aquatique. Cette perturbation constitue une impureté, justifiant l'interdit alimentaire.

L'interdit de l'inceste a par ailleurs été analysé sous le prisme de l'impureté par Simone de Beauvoir qui avance que la souillure mène à l'évitement. Or, dans un monde patriarcal tel que celui qu'elle a connu, les hommes décident de ce qui est pur ou non. Le pouvoir de dire ce qui est tabou ou interdit est alors un symptôme du patriarcat, de la domination des hommes sur les femmes.[3]

---

1. LALLEMAND, Suzanne. « L'interdit en anthropologie sociale », Zohra Guerraoui éd., *Pourquoi l'interdit ?* Érès, 2006, pp. 19-30.

2. Théorie fondée par B. Malinowski qui la définit comme : « *L'analyse fonctionnelle de la culture part du principe que dans tous les types de civilisation, chaque coutume, chaque objet matériel, chaque idée et chaque croyance remplit une fonction vitale, a une tâche à accomplir, représente une partie indispensable d'une totalité organique.* », B. Malinowski, article « Anthropology », *Encyclopedia Britannica*, 1936.

3. *Ibid.*

Toutes ces analyses de l'interdit ne sont pas incompatibles entre elles. En effet, une société décide de reléguer un fait au rang d'interdit ou de tabou parce que ce fait la dérange. Les individus qui la composent décident explicitement ou implicitement de ce qui les gêne pour éviter d'en parler ou pour que ce fait soit sanctionné. L'ordre social s'en trouve ainsi préservé. Le caractère dérangeant de ce fait interdit peut avoir pour fondement ses conséquences dangereuses ou son origine impure. Nous retombons sur les théories de Simone de Beauvoir qui considèrent que la domination masculine détermine ce qui est impur ou souillé et ce qui ne l'est pas.

Or, par hypothèse, ce qui n'est pas interdit est autorisé. Avoir le pouvoir de déterminer ce qui est interdit constitue donc un outil très puissant pour indiquer ce qui est autorisé dans une société. Les interdits veulent dire quelque chose d'une société. Par exemple, les sociétés qui prohibent l'adultère montrent leur attachement au lien du mariage. Construire un interdit participe en réalité de la mise en cohérence d'une société sous une coupe commune : une coupe masculine en ce qui nous concerne.

§2. L'origine de l'interdit de l'inceste

L'interdit de l'inceste concerne en principe à la fois les relations entre adultes (A) et celles entre adultes et enfants (B).

A. L'origine de l'interdit de l'inceste entre adultes

L'inceste parcourt les mythes grecs, mais nous pourrions considérer que les hommes ont voulu, par là même, éloigner d'eux les divinités : les unions entre frère et sœur sont possibles chez les dieux, mais interdites chez les hommes.

Ce serait oublier certaines civilisations qui, loin d'interdire ces unions, les encourageaient. Hélène Parat, dans son ouvrage *L'inceste*, reprend la phrase du physicien grec Sextus Empiricus : « *Si nous ne connaissions pas la coutume du mariage entre frère et sœur chez les Égyptiens, nous affirmerions, à tort, qu'il est universellement reconnu que les hommes ne peuvent épouser leurs sœurs* ». [1]

Hélène Parat évoque même un « *mariage préférentiel* » chez les Égyptiens. [2] La transmission et le maintien du sang royal expliquaient ces mariages. Là encore, les dieux donnent une certaine légitimité à ces unions : Isis et Osiris sont à la fois mère et fils et jumeaux et, surtout, sont « *amoureux l'un de l'autre, avant même de naître* » écrit Marie-Laure Colonna dans son article « Guérir d'Osiris ». [3] Toutefois, Hélène Parat nuance l'apparente autorisation de l'inceste dans la société égyptienne. En effet, si l'inceste existe chez les Pharaons, il demeure circonscrit à certaines personnes, relevant « *d'un système cohérent* ». [4]

Au XIXème siècle, naissent à la fois une criminalisation douce de l'inceste (avec la loi du 28 avril 1832) et des questionnements sur la raison de son interdiction. Émile Durkheim considère plutôt que l'interdit de l'inceste s'explique par des considérations religieuses, totémiques[5] et par la peur du sang. En effet, selon lui, les membres d'un seul clan seraient issus d'un ancêtre commun et partageraient alors la même chair et le même sang. Cette proximité charnelle expliquerait la nécessaire exogamie [6].

Si cette explication semble se fonder sur les risques liés à la consanguinité, ce n'est pas le cas. D'ailleurs, il a plutôt dénoncé

---

1. PARAT, Hélène. « Aux origines. L'inceste et ses interdits », Hélène Parat éd., *L'inceste.* Presses Universitaires de France, 2004, pp. 31-55.

2. *Ibid.*

3. COLONNA, Marie-Laure. « Guérir d'Osiris », *Cahiers jungiens de psychanalyse*, vol. 101, n°2, 2001, pp. 71-86.

4. PARAT, Hélène. « Aux origines. L'inceste et ses interdits », Hélène Parat éd., *L'inceste*. Presses Universitaires de France, 2004, pp. 31-55.

5. Totémisme : « *Doctrine d'après laquelle le culte du totem constitue la forme primitive de la religion, et les tabous dont le totem est l'objet, la forme primitive de la morale* » : https://www.cnrtl.fr/definition/totémisme.

6. LETT, Didier. « L'inceste père-fille à la fin du Moyen Âge : un crime, un péché de luxure ou un acte consenti ? », *Sociétés & Représentations*, vol. 42, n°2, 2016, pp. 15-30.

ces théories fondées sur les risques liés à la consanguinité, affirmant que la dangerosité de la consanguinité étant difficile à observer, de sorte qu'il est peu probable que les humains primitifs aient pu l'utiliser pour fonder l'interdit de l'inceste. [1] Pour Durkheim, ce sont donc plutôt des raisons religieuses qui ont mené à l'interdit de l'inceste.

Selon Claude Lévi-Strauss, une autre cause explique l'interdit de l'inceste : les relations incestueuses briseraient la première clause du contrat social. En effet, le contrat social est ce qui permet de dire que l'Homme est passé de l'état de nature à l'état de culture : « *la démarche fondamentale dans laquelle s'accomplit le passage de la nature à la culture* » [2]. Maurice Godelier, anthropologue, s'inscrit dans cette ligne de pensée, affirmant que l'*Homo sapiens sapiens*, quand il s'est organisé, a considéré que la sexualité ne pouvait être permissive. La sexualité a donc été contrôlée, de façon universelle. Ce contrôle se justifie à cause des rapports sociaux, politiques, économiques ou religieux qui naissent de la sexualité. [3]

Contraindre la sexualité permet de continuer à faire société parce que, toujours selon Maurice Godelier, l'humanité n'est pas qu'une « *espèce de primates vivant en société : elle est la seule espèce qui produit de la société pour vivre et qui gère consciemment et socialement sa sexualité* ». [4]

L'interdit de l'inceste, selon Lévi-Strauss, invite les hommes à se marier ailleurs et les groupes sociaux à donner les femmes, à former des alliances avec d'autres groupes. [5]

---

1. PARAT, Hélène. « Aux origines. L'inceste et ses interdits », Hélène Parat éd., *L'inceste*. Presses Universitaires de France, 2004, pp. 31-55.

2. LEVI-STRAUSS, Claude, *Le Regard éloigné*, Paris, Plon, 1983, 398 p. in Dussy, Dorothée. « Les Théories de l'inceste en anthropologie. Concurrence des représentations et impensés », *Sociétés & Représentations*, vol. 42, n°2, 2016, pp. 73-85.

3. https://lejournal.cnrs.fr/articles/toutes-les-societes-font-de-linceste-un-tabou-mais-cette-universalite-revet-des-formes-tres.

4. *Ibid.*

5. PARAT, Hélène. « Aux origines. L'inceste et ses interdits », Hélène Parat éd., *L'inceste*. Presses Universitaires de France, 2004, pp. 31-55.

B. L'origine de l'interdit de l'inceste sur un enfant

Le politologue Gérard Bach-Ignasse (1951-2003 [1]) nous rappelle à cet égard que, dans la Grèce Antique, les relations entre des hommes adultes et de jeunes garçons étaient parfaitement admises en raison du statut subordonné de la femme à cette époque. De sorte qu'il apparaissait plus égalitaire, pour un homme, d'entretenir des relations avec un autre homme, fut-il jeune [2].

Les exemples de ces relations dans la Grèce Antique sont connus du grand public, mais ajoutons qu'elles couraient également pendant la Rome Antique. [3]

Dans leur ouvrage *Les nouvelles sorcières de Salem. Leçons d'Outreau*, Antoine Garapon et Denis Salas expliquent que la protection de l'enfant n'a pas toujours été évidente. Les propensions à protéger le père de famille étaient en tout cas plus fortes que celles visant à protéger les enfants car atteindre l'autorité du chef de famille revenait à saper l'ordre patriarcal établi. Le crime de parricide constituait alors une potentielle « *menace contre la cité tout entière* » [4].

En 1832, les choses avancent : la loi du 28 avril 1832 crée l'article 331 du Code pénal qui réprime l'attentat à la pudeur du mineur de onze ans, même s'il est commis sans violence. Toutefois, l'infraction est peu appliquée, sans doute parce qu'elle n'était « *pas encore ancrée dans l'air du temps* », comme le note

---

1. https://www.lemonde.fr/archives/article/2003/02/06/gerard-ignasse_4270481_1819218.html.

2. BACH, Gérard, « Le miroir de nos pratiques », *Homophonies*, n°47, septembre 1984, p. 39.

3. VEYNE, Paul, interview, *Le Gai Pied*, n° 42, septembre 1982, p. 80 *In.* VERDRAGER, Pierre. « Chapitre 2. La pédophilie à l'épreuve des années 1970-1980 », *L'enfant interdit. De la défense de la pédophilie à la lutte contre la pédocriminalité*, sous la direction de VERDRAGER Pierre. COLIN Armand, 2021, pp. 25-135.

4. GARAPON Antoine et SALAS Denis, *Les nouvelles sorcières de Salem. Leçons d'Outreau*, Broché, 2006, p.18.

Maître Rodolphe Constantino [1]. D'ailleurs, la limite d'âge sera relevée à treize ans en 1863 et à quinze ans en 1945 [2].

C'est dire à quel point la protection des mineurs importait ! Et c'est sans compter sur les écrits et les dires de Gabriel Matzneff, dans les années 1970, qui fera l'apologie de la pédophilie [3].

Pourquoi une répression si lente de la pédocriminalité et de l'inceste ? Selon Françoise Héritier, il y aurait une augmentation du nombre d'incestes depuis la perte de pouvoir des pères. Jusqu'en 1970, existait le standard juridique du bon père de famille, de l'homme qui s'occupe correctement de sa femme et ses enfants. Françoise Héritier reprend les mots d'Aldo Naouri qui estime que ce pouvoir donné au père au sein de sa famille permettait de contrebalancer l'ascendant qu'a la mère sur le père en raison du lien particulier qu'elle entretient avec ses enfants. Depuis la loi du 4 juin 1970 sur l'autorité parentale, l'autorité du père de famille a été revue à la baisse. Françoise Héritier reprend ensuite la théorie de Boris Cyrulnik selon laquelle « *l'État court-circuite le rôle du père, prend sa place, le déloge de son statut* » [4]. De sorte que, selon ces auteurs, en voulant préserver l'harmonie dans nos familles en permettant l'égalité des fonctions parentales, l'État a, en réalité, regroupé tous les ingrédients nécessaires à une recrudescence de l'inceste sur les enfants. Le père ne sait plus quel est son rôle.

---

1. « Les temps changent : L'enfance volée, du tabou au combat », France 2, 16/11/2021 : https://www.youtube.com/watch?v=-hnej_B2VNs

2. AMBROISE-RENDU, Anne-Claude. « Attentats à la pudeur sur enfants : le crime sans violence est-il un crime ? (1810-années 1930) », *Revue d'histoire moderne & contemporaine*, vol. 56-4, n°4, 2009, pp. 165-189.

3. « Les temps changent : L'enfance volée, du tabou au combat », France 2, *op. cit.*

4. HERITIER-AUGE, Françoise. « Présentation », Françoise Héritier-Augé éd., *De l'inceste.* Odile Jacob, 1994, pp. 7-21.

§3. De la difficulté de réprimer socialement le silence de l'inceste

A partir de 1863, le Code pénal français réprime les attentats à la pudeur sur mineurs, mais cela est toutefois loin d'être suffisant à cause d'une inertie bien dommageable des magistrats. Il faut attendre 1915 pour que les affaires d'inceste soient enfin dénoncées et poursuivies. Cette année-là, les incestes représentent 40% des affaires d'attentats à la pudeur et de viols sur mineurs [1].

Il convient ici de distinguer plusieurs sortes de criminalités : la criminalité réelle, la criminalité apparente et la criminalité légale. La première correspond à l'« *ensemble des infractions commises dans un temps et un lieu déterminés* » [2]. La criminalité réelle est l'« *ensemble des faits infractionnels portés à la connaissance des autorités de police ou du personnel judiciaire de poursuite* » [3]. Quant à la criminalité légale, il s'agit de l'« *ensemble des condamnations prononcées par les juridictions* » [4].

Or, lorsqu'Anne-Claude Ambroise-Rendu indique dans son article « Briser le tabou » que 40% d'affaires d'incestes recensés au sein des affaires d'attentats à la pudeur en 1915, il s'agit évidemment d'une criminalité légale et non pas réelle. Nombre d'incestes ne sont toujours pas dénoncés. Il s'agit de faits trop intimes. Anne-Claude Ambroise-Rendu ajoute que la dénonciation même des agissements incestueux est taboue. Lorsque des mots sont posés dessus, ils sont cependant entourés d'un grand voile de pudeur, on ne parle de ce qu'il s'est passé qu'à demi-mot. Il

---

1. AMBROISE-RENDU, Anne-Claude. « Briser le tabou. Du secret à la parole médiatique, le tournant des années 1970-1990 », *Sociétés & Représentations*, vol. 42, n°2, 2016, pp. 59-72.

2. BEZIZ-AYACHE, Annie, et Magali Ravit. « Fiche 9. La mesure de la criminalité », *Fiches de Criminologie.* sous la direction de Beziz-Ayache Annie, Ravit Magali. Ellipses, 2021, pp. 61-70

3. AMBROISE-RENDU, Anne-Claude. « Briser le tabou. Du secret à la parole médiatique, le tournant des années 1970-1990 », *Sociétés & Représentations*, vol. 42, n°2, 2016, pp. 59-72.

4. *Ibid.*

faut attendre 1910 pour que la presse mette le mot sur ce mal : « Inceste ». [1]

Le silence de l'inceste, la société ne le réprime pas, ne le condamne pas. Au contraire, elle le demande, l'exige, l'impose. Ce n'est qu'en 1974 que le journal *Le Monde* évoque, pour la première fois, un procès concernant un inceste. « *Dans la hiérarchie des tabous, l'inceste occupe sans rival la plus haute marche. On n'en parle pas, on ne veut pas y penser.* » [2], analyse Bruno Frappat, auteur de l'article. Comme si penser au mot, aux faits, même de façon négative, était salissant. Sauf quand ils sont joliment enrobés dans la littérature. L'esprit libéral des Lumières, érotisant l'inceste, a perduré tout au long du XXème siècle.

Le traitement médiatique de l'inceste et de la pédophilie, toutefois, est ambigu dans la France « post-mai 68 » qui connait une libération sexuelle. Cette libération justifie que l'on parle de sexualité, qu'on l'apprenne aux enfants. C'est en tout cas ce qui ressort de *La Familia Grande* de Camille Kouchner. En effet, dans cette famille « soixante-huitarde » où les enfants embrassent les adultes sur la bouche, où tout le monde vit nu autour de la piscine et au sein de laquelle les grandes idées de liberté circulent et résonnent, comment faire comprendre à un enfant qu'il y a des limites que les adultes ne doivent pas franchir ? Pour que l'enfant comprenne que ce qu'il vit est mal, encore faut-il qu'il sache que ce que l'adulte lui fait subir est absolument scandaleux. Réprimer le silence de la victime serait lui appliquer une seconde peine, en plus de celle d'avoir subi l'inceste : la culpabilité. Or, le coupable n'est pas la victime, mais bien l' « incesteur » pour reprendre un terme employé par Dorothée Dussy.

En 1975, Daniel Cohn-Bendit a publié *Le Grand Bazar*, une autobiographie ressassant notamment son activité d'éducateur dans un jardin pour enfants en Allemagne. « *Je voulais que les gosses aient envie de moi, et je faisais tout pour qu'ils dépendent*

---

1. *Ibid.*

2. https://www.lemonde.fr/archives/article/1974/03/11/m-urs-l-inceste-a-la-campagne_3086659_1819218.html.

de moi. »[1], écrit-il. Loin d'être réprimé d'une quelconque manière, l'homme récidive dans une émission télévisée en 1982 : sur le plateau d'*Apostrophes*, il affirme que « *La sexualité d'un gosse, c'est absolument fantastique, faut être honnête. J'ai travaillé auparavant avec des gosses qui avaient entre 4 et 6 ans. Quand une petite fille de 5 ans commence à vous déshabiller, c'est fantastique, c'est un jeu érotico-maniaque...* »[2]. Les intellectuels français, après « mai 68 », demandent une libération de la sexualité. Virginie Girod, docteure en histoire et spécialiste de l'histoire des femmes et de la sexualité affirme que, « *dans les années 1970, les gens se disent ''on fait ce que l'on veut''* »[3]. Cela implique de pouvoir faire ce que l'on veut avec des enfants, et avec des personnes du même sexe. Puisqu'à l'époque, pédocriminalité et homosexualité sont assimilés, défendre la pédophilie permet de défendre l'homosexualité, dans cette idée de liberté sexuelle.

D'autres technocrates et grands intellectuels des années soixante-dix se sont offusqués de ce que les relations entre adultes et enfants soient interdites. En effet, le 23 mai 1977, Jean-Paul Sartre, Simone de Beauvoir ou encore Michel Foucault ont signé une lettre ouverte à la commission de révision du Code pénal pour la révision de certains textes régissant les rapports entre

---

1. « Les extraits du livre de Daniel Cohn-Bendit qui font polémique », dans L'Obs le 05 juin 2009, disponible sur : https://www.nouvelobs.com/politique/europeennes-2009/20090605.OBS9379/les-extraits-du-livre-de-daniel-cohn-bendit-qui-font-polemique.html.

2. SENECAT, Adrien, « Daniel Cohn-Bendit et la « pédophilie » : les faits sur les accusations qui refont surface », *Le Monde*, 14 mai 2019, disponible sur : https://www.lemonde.fr/les-decodeurs/article/2019/05/14/daniel-cohn-bendit-et-la-pedophilie-les-faits-sur-les-accusations-qui-refont-surface_5461818_4355770.html.

3. MOGHADDAM Fiona et DE KERVASDOUE Cécile, « Quand les intellectuels défendaient la pédophilie », Radio France, 3 janvier 2020, disponible sur : https://www.radiofrance.fr/franceculture/quand-des-intellectuels-francais-defendaient-la-pedophilie-2026242.

adultes et mineurs dans le but de faire décriminaliser les rapports sexuels entre un adulte un mineur de quinze ans. [1]

Cette liberté sexuelle, d'ailleurs, les intellectuels qui la demandent l'invoquent dans les deux sens : les adultes désirent pouvoir faire ce qu'ils veulent, mais il ne s'agit pas non plus de brimer la liberté des enfants. La liberté n'est pas l'apanage d'une seule catégorie de la population. Ainsi, Michel Foucault affirme-t-il en 1978 au micro de *Dialogue*, que la réforme du Code pénal visant à protéger les mineurs « *contrôle la sexualité* » [2] et considère qu'un enfant est vulnérable par nature et les adultes dangereux par essence [3].

Quelques années plus tard, le philosophe nuance quelque peu son propos, ou plutôt le complète : s'il plaide en faveur d'une liberté de choix sexuel, il fustige et condamne certains actes sexuels comme le viol qui ne sauraient être permis.[4] Nous voilà rassurés : le viol serait moralement et philosophiquement inacceptable, mais les relations sexuelles avec des enfants ne posent pas de problème, au nom de la liberté !

Cependant, la glorification de ces agissements est également remise en question, dans ces années-là. *Charlie Hebdo*, notamment, publie un numéro spécial pour la fête des pères en 1978. La couverture est éloquente [5] :

1.. https://www.radiofrance.fr/franceculture/quand-des-intellectuels-francais-defendaient-la-pedophilie-2026242

2. FOUCAULT Michel, HOCQUENGHEM Guy et DANET Jean, « La loi de la pudeur », France Culture, Dialogue, avril 1978 *in* Ambroise-Rendu, Anne-Claude, *Histoire de la pédophilie, XIXè – XXIè siècle*, Fayard, 2014, p.178.

3. *Ibid.*

4. FOUCAULT Michel, « Entretien avec James O'Higgins » [1982], *Gai pied Hebdo*, 5 janvier 1985, *in* Ambroise-Rendu, Anne-Claude, *Histoire de la pédophilie, XIXè – XXIè siècle*, Fayard, 2014, p.178.

5. https://images.app.goo.gl/zZd1wkCcGQ5YGZGF9.

Figure 1 Charlie Hebdo, n°396, 15 juin 1978

La violence du sujet et du dessin a suscité de vives réactions On observe alors une dichotomie entre la question de la pédophilie à propos de laquelle il est possible de parler, et celles de l'inceste et des violences intrafamiliales qui doivent rester cachées, silencieuses. Il s'agit de ne pas montrer les tares et faiblesses familiales au reste du monde. D'ailleurs, ne dit-on pas qu'on « lave son linge sale en famille » ? Si chaque famille gère son « linge sale » en son sein, elle n'a, par définition, aucune envie qu'une autre famille regarde ce qu'il se passe chez elle. Ce serait un voyeurisme terriblement malpoli !

En 1989, l'émission *Médiations* présentée par François de Closet réunit des victimes d'inceste. L'une d'entre elle sera poursuivie pour diffamation et condamnée, en 1991, à un franc (symbolique, nous voilà rassurés) et aux dépens. *Libération*, acerbe, écrit : « *Le tribunal de Saint Brieuc a tranché : le viol en famille doit rester secret.* » [1]. Le tribunal ne réprime pas le silence, mais le fait d'avoir parlé.

Section 2. Le scandale acceptable

L'inceste semble acceptable au regard de sa mythification (§1) et des euphémismes utilisés pour en parler (§2), créant une banalisation de l'acte (§3).

§1. L'inceste mythifié

Les contes pour enfants évoquent l'inceste sans détour (A), le faisant entrer dans la culture populaire (B).

A. La mythification de l'inceste dans les contes pour enfants

Il était une fois, un roi dont la femme venait de mourir. Désireux de trouver une reine pour son royaume, aussi belle que sa défunte épouse, il se lança à la recherche de l'épouse parfaite. Dans son palais où se réunissaient les plus belles dames de la Cour, cette tâche n'aurait pas dû être difficile. Pourtant, la seule femme qui attira son attention, fut sa fille qu'il décida d'épouser. Brûlant d'un terrible désir pour elle, le roi tenta de la charmer et l'amadouer pour qu'elle accepte cette union. Sur les conseils de

---

1. *Libération*, 14/07/1989, *in* AMBROISE-RENDU, Anne-Claude. « Briser le tabou. Du secret à la parole médiatique, le tournant des années 1970-1990 », Sociétés & Représentations, vol. 42, n°2, 2016, pp. 59-72.

sa marraine, la bonne fée, l'Infante demande des robes impossibles, aux couleurs du Temps, de la Lune et du Soleil. Les trois robes furent apportées à la princesse. Or il y avait, dans les Écuries royales, un âne qui produisait des écus et dont le roi n'aurait voulu se séparer pour rien au monde. La princesse, suivant toujours les conseils de sa marraine, demanda à son père la peau de cet âne en échange de ce hideux mariage dont il désespérait qu'il arrivât. Contre toute attente, le roi s'exécuta et la peau de l'âne fut remise à la princesse. Trouvant là un déguisement qui lui permettrait de quitter le château, elle se revêtit de la peau et s'enfuit dans la forêt.

La suite du conte de *Peau d'âne,* on la connait : la princesse ne va pas épouser son père, mais un prince qu'elle a rencontré dans la forêt où elle s'était cachée. Il n'empêche qu'une odeur d'inceste plane au-dessus de ce conte, que l'on parle bien d'un « *amour* » de la part du père pour sa fille. Il fait d'ailleurs preuve du geste d'amour ultime en lui donnant la peau de l'âne magique, ce qu'il avait de plus précieux au monde.

Beaucoup d'entre nous ont appris à lire avec ce conte. Le film de Jacques Demy est regardé en classe, il fait partie des classiques que toute une génération a vus. Pourtant, à y regarder de plus près, ce conte est particulièrement choquant : le conte ne remet pas en cause cet amour ignoble que le père pense ressentir à l'égard de sa fille. Il s'agit davantage de l'exigence d'une fille d'épouser quelqu'un dont elle tombe amoureuse, plutôt que de dénoncer une situation inacceptable. Heureusement que la bonne fée chante « *Mon enfant, on n'épouse jamais ses parents. [...]. On dit que traditionnellement, des questions de cultures et de législature décidèrent en leur temps qu'on ne mariait pas les filles avec leur papa.* » [1].

A l'inverse Ovide, dans ses *Métamorphoses*, réprime l'amour entre un père et sa fille. Il relate l'histoire de Myrrha qui ne vénérait pas la déesse de l'Amour, Vénus. Pleine de colère contre cette mortelle impertinente, Vénus a insufflé un amour interdit

---

1. DEMY, Jacques, « Peau d'Âne », 1970.

dans le cœur de la jeune femme : un amour pour son père, le roi Cinyras. Ovide sait que le désir dont il parle, entre un père et sa fille, est contre-nature : « *Je vais chanter un crime affreux* », écrit-il [1]. Dans le conte, Myrrha finit par succomber à son désir et, par huit nuits, s'est donnée à son père dans le noir. La neuvième nuit, c'est au père de désirer : l'identité de cette mystérieuse personne qui vient le visiter la nuit l'intrigue. Alors il allume une torche et découvre sa fille. Le mal est fait, il la chasse du palais et Myrrha, déjà enceinte, attendant un enfant dont elle allait être la mère et la sœur, s'enfuit. Les dieux, sensibles au désespoir de cette jeune femme, l'ont transformée en arbre de myrrhe. L'enfant qu'elle portait a été recueilli par des nymphes et baptisé Adonis.

Si Ovide prend soin de réprimer le désir incestueux, il n'en demeure pas moins que le fruit de cette union, Adonis, est un très bel homme. A l'image de l'arbre de la Connaissance dans le Livre de la Genèse, Adonis représente le fruit défendu de l'inceste : un fruit attirant, attrayant et mystérieux (puisque Vénus, qui tombe sous son charme, ne sait pas qui est sa mère). Ovide condamne l'acte incestueux lui-même, mais ne condamne pas ses conséquences, préférant le glorifier et le magnifier, même si un voile de pudeur, de silence, est mis à l'égard du protagoniste qui ne sait pas d'où il vient. Ce silence n'est, pour le coup, pas remis en question par Ovide. Le silence autour des conditions de la naissance d'Adonis est censé le protéger.

La mythologie gréco-romaine, d'une manière générale, n'est pas en manque de liaisons incestueuses. Zeus s'est marié avec sa sœur Héra, de sorte qu'il est à la fois oncle et père de ses enfants, Héphaïstos, Arès, Ilithye et Hebe. [2] A l'image des Égyptiens, les Grecs semblent avoir toléré l'inceste pour certaines catégories de personnes : les dieux qui ne sont même pas humains. Les Hommes qui connaissent cet amour interdit sont punis par les dieux. Ainsi Myrrha est-elle punie par Vénus pour ne pas l'avoir

---

1. Ovide, *Les Métamorphoses*, Gallimard, 1992.

2. BELAYCHE Nicole et PIRENNE-DELFORGE Vinciane, *Fabriquer du Divin. Les constructions et dynamismes de ses représentations*, Presses Universitaires de Liège, Coll. Religions, 2015, 264 p.

vénérée, une malédiction est proférée contre Laïos qui a violé son cousin Crysipos [1]. Il y a donc une origine mauvaise ou surnaturelle à l'amour incestueux.

L'on remarque qu'il est souvent question d'amour. Or, s'agissant d'un enfant, est-il possible de parler d'amour ? Charlotte Pudlowski s'interroge sur l'utilisation de ce mot dans son ouvrage *Ou peut-être une nuit.* S'il est une forme d'amour, celui-ci est mal dirigé. En réalité, analyse la journaliste, l'inceste est le résultat d'un jeu de dominations, alors que l'amour met les individus sur un pied d'égalité. L'amour suspend les rapports de forces, ce qui n'est pas le cas de l'inceste [2].

B. La mythification de l'inceste dans la culture populaire

Le mythe ou le conte permet de parler d'inceste sans vraiment le condamner. C'est une manière de le mettre loin de nous et d'évoquer une réalité monstrueuse.

Les films et les séries ont aujourd'hui remplacé ces contes et ces mythes et se permettent d'actualiser la vision et l'analyse d'un phénomène, en l'espèce celui de l'inceste. Marianne Chaillan souligne à cet égard que : « *les séries sont indéniablement des outils au service de la réflexion éthique* » [3]. De sorte que si l'inceste fait partie de l'histoire racontée, il ne peut être banalisé ou considéré comme une situation acceptable. Ainsi, dans la série *Game Of Thrones* de D.B. Weiss et David Benioff, certains personnages entretiennent des relations incestueuses, mais la situation n'est pas acceptée par les autres. Cersei Lannister est même condamnée à la Marche de la Honte, après avoir confessé avoir

1 ANCIBURE Francis, et GALAN-ANCIBURE Marivi . « Problématique », *La pédophilie. Comprendre pour réagir,* sous la direction de Ancibure Francis, Galan-Ancibure Marivi. Dunod, 2009, pp. 13-59.

2 PUDLOWSKI Charlotte, *Ou peut-être une nuit*, Grasset, 2021, 272 pages

3 CHAILLAN, Marianne. « Les séries télévisées : un laboratoire de philosophie morale ? », *Revue internationale de philosophie*, vol. 301, n°3, 2022, pp. 27-46.

eu des relations sexuelles avec son frère jumeau. La terminologie est ici essentielle : la honte entoure le personnage et les relations qu'elle a entretenues.

Notons qu'après la honte d'avoir dit ce qu'elle avait fait, la honte de cette marche devant tous les habitants de la capitale de Westeros, Cersei Lannister ne va pas seulement retrouver sa puissance d'antan, elle sera décuplée. Par ailleurs, la vision qu'ont les réalisateurs et Georges R.R. Martin, l'auteur de la saga littéraire dont la série télévisée est issue, de Cersei Lannister ne laisse que peu de place au doute : ils l'exècrent. Vile, prétentieuse, avide de pouvoir, l'air toujours renfrogné, Cersei Lannister est le personnage antipathique par excellence. Le message des auteurs de cette saga est clair : les auteurs d'inceste sont infréquentables et il faut les punir pour ce qu'ils font – quand bien même il n'y aurait pas de violence dans les actes, puisque les jumeaux Lannister sont tous les deux parfaitement consentants.

§2. Les euphémismes bloquant la dénonciation de l'inceste

Dans son ouvrage *Un Inceste ordinaire*, consacré à l'affaire Lydia Gouardo, Léonore Le Caisne constate une grande utilisation d'euphémismes concernant l'évocation de cette affaire.

En 1962, Raymond Gouardo a été condamné à 5 ans d'emprisonnement pour vol à main armée. Sa femme Jacqueline lui apprend qu'elle est enceinte d'un autre homme. Raymond a décidé de reconnaitre cet enfant, Lydia, qui a été abandonnée par sa mère et placée en famille d'accueil. A sa sortie de prison, Raymond est allé la chercher de force. Les malheurs de Lydia ne cessent pas là, puisque son père a refait sa vie avec Lucienne, une visiteuse de prison, qui a brûlé les jambes de la petite fille âgée de seulement huit ans, avec de l'eau bouillante. Lucienne a ajouté de l'eau de javel et arraché la peau de l'enfant avec une brosse à chien. Lydia subira plusieurs greffes de peau et, à la sortie de l'hôpital, son père la séquestrera dans sa chambre, la violera, percera des trous dans les murs afin que Lucienne puisse observer ce qui se déroulait dans la chambre. De ces viols, qui se sont produits pendant trente ans, sont nés six garçons. Pendant ces trois décennies, Lydia a fait plusieurs fugues et tenté d'appeler la Justice à l'aide. En vain. Il a fallu attendre quatre ans après la mort de Raymond pour que Lydia ose porter plainte contre sa belle-mère pour non-dénonciation de crimes sexuels.

Parmi les raisons qui expliquent le silence et l'absence de réaction des habitants du village où les faits se sont commis, il y a la violence du père de Lydia. Son caractère renfrogné, ses insultes, ses menaces. Cela n'excuse probablement pas ce silence gardé, mais il l'explique.

Lorsque Léonore Le Caisne a mené son enquête ethnologique sur cette affaire, elle s'est aperçue que de nombreuses expressions permettaient de relativiser ce qu'il se passait dans la maison des Gouardo. Le père « *s'occupe* » de sa fille ou il « *l'entretient* ». Qu'un père s'occupe de sa fille en la nourrissant, l'éduquant et l'emmenant à l'école est une chose, mais qu'il s'en occupe en laissant naitre six enfants alors que personne ne pénètre les murs de la maison en est une autre.

Ces euphémismes et périphrases utilisés par les voisins de Lydia montrent leur malaise face à cette situation dans laquelle ils ne voulaient pas intervenir. Après tout, ils n'étaient pas légitimes à le faire et Raymond faisait peur. En tout état de cause, l'inceste était entré dans « *l'histoire du pays* » [1], une histoire qui crée du lien entre les villageois. En effet, eux seuls avaient le droit de savoir qui était le père des enfants de Lydia. Les nouveaux arrivants ne devaient pas savoir, ils auraient trouvé cela « *scandaleux* » [2].

L'utilisation du mot « scandale » est d'ailleurs ici intéressante, puisque, étymologiquement, un *skandalon* est un « *piège placé sur le chemin, obstacle pour faire tomber* » [3]. Le scandale est ce qui heurte, blesse, perturbe, crée du désordre. Or, dans un

---

1. LE CAISNE, Léonore, *Un inceste ordinaire. Et pourtant tout le monde savait*, Essais, Point, 2022.

2. LE CAISNE, Léonore *op. cit.* p. 109.

3. GOT, Olivier. « Histoire du mot « scandale » », *Sigila*, vol. 33, n°1, 2014, pp. 13-21.

village calme où tout le monde se connait et où les velléités de violence de Raymond Gouardo font partie du décor sans être davantage remises en question, le scandale est inacceptable. Léonore Le Caisne analyse que « *si personne n'a bougé, c'est qu'il n'y avait pas de raison de le faire* » [1]. Certes, « *faire des enfants à sa fille* » n'est pas un acte moralement acceptable, mais le caractère criminel donné par la médiatisation de cette histoire est indu. Personne n'a agi, n'a parlé, parce qu'il ne s'agissait pas d'un crime, le mot n'ayant pas été posé. Au mieux, les villageois ressentaient du dégoût par rapport au fait qu'un père puisse donner des enfants à sa fille, au pire ils refusaient d'admettre la gravité de l'inceste. En tout état de cause, la situation était devenue parfaitement banale : « *On connaissait le cas. On l'acceptait comme c'était* » [2].

Il convient de reconnaitre que, Raymond Gouardo n'étant pas le père biologique de Lydia, le caractère incestuel de la relation qu'il entretenait avec elle pouvait être discuté. Admettons que la situation ne soit pas incestuelle à cause de l'absence du lien biologique, les relations que Raymond entretenait avec Lydia relevaient d'actes pédocriminels. Ce caractère n'a pas été relevé par les villageois pour remettre en question ces actes et les faire cesser.

Raymond « faisait des enfants à sa fille », comme s'ils allaient faire un gâteau ensemble. Les habitants du village ont considéré que, les Gouardo venant d'ailleurs et Raymond étant marchand ambulant, ils avaient des mœurs différentes des autres. Cette famille était celle dont on parle avec compassion, en essayant de ne pas porter de jugement moral sur leurs actes. Léonore Le Caisne souligne qu'il y a un manque de compréhension de ce qui est autorisé par la loi ou non et ce qui relève simplement de la morale. Les habitants du village ont mis la sexualité de la famille Gouardo sur le plan de la morale, refusant de faire entrer ces viols dans la catégorie des crimes.

---

1. LE CAISNE, Léonore, *op. cit.* p. 98.
2. LE CAISNE, Léonore, *op. cit.* p. 203.

De surcroît, des auteurs d'incestes affirment parfois que la victime a apprécié ce qu'elle a vécu, subi. Ce serait une sorte de consentement à l'inceste de la part du mineur. Selon Germain Delors, cependant, « *Il n'y a de consentement que lorsqu'il y a discernement* » [1]. De sorte que parler du consentement d'un enfant pour un acte sexuel constitue un non-sens, un oxymore, pour reprendre le nom de l'article de Jean-Luc Viaux. Celui-ci affirme d'ailleurs que « *on ne consent pas à être autre que ce que l'on est, l'enfant de ses parents et le frère/sœur de son frère, et que lorsque le désir sexuel s'exprime dans la réalité charnelle l'enfant n'est plus enfant* » [2].

Coraline Eliacheff considère, à l'instar de Jean-Luc Viaux, que parler de « victime consentante » à l'inceste est un non-sens, dans la mesure où l'enfant ne sait pas à quoi il consent exactement. De sorte que lorsque l'agresseur avoue les faits, il ajoute que la victime était consentante afin de faire reposer la faute et la honte sur elle, et non sur lui. Ce « consentement », artificiel par hypothèse, est à la fois une honte, une culpabilité, un traumatisme et un poids pour la victime. [3] En parlant de consentement de la victime, l'agresseur inverse les rôles, se déresponsabilisant et bloquant encore la parole des incestés.

Que l'on parle d'inceste en utilisant des périphrases, ou qu'on n'en parle pas du tout revient au même : il y a une déresponsabilisation de l'auteur et le phénomène apparait moins concret.

---

1. GERMAIN, Delors. « Le consentement des mineurs victimes d'infractions sexuelles », *Revue de science criminelle et de droit pénal comparé*, vol. 4, n° 4, 2011, pp. 817-824.

2. VIAUX, Jean-Luc. « Consentir à l'inceste : un oxymore », *Dialogue*, vol. 232, n°2, 2021, pp. 39-55.

3. ELIACHEFF, Caroline. « Le mal du siècle : inceste et pédophilie », *Cités*, vol. 86, n°2, 2021, pp. 175-186.

§3. La banalisation du silence de l'inceste à l'échelle sociale

Le pédophile profite d'une institution ou d'une famille complaisante qui le met en lien avec les enfants. Caroline Eliacheff dresse une liste non exhaustive de ces pédophiles potentiels : « *éducateur, instituteur, professeur, moniteur, surveillant d'internat, brancardier, infirmier, médecin, psychologue, curé, rabbin, star des médias, photographe, mais aussi mari ou fils d'une nourrice. Les militaires ou personnels des ONG peuvent aussi être suspectés et cette liste n'est pas exhaustive.* » [1]. En d'autres termes, il s'agit de n'importe qui. Caroline Eliacheff précise que le pédophile est sociable et agit seul, la plupart du temps. Il ne s'agit pas d'un loup solitaire dont on se méfierait.

Au contraire, l'entourage de la victime apprécie le pédophile qui souffrirait si les faits étaient révélés. Le film « Festen » de Thomas Vinterberg le montre bien : en dénonçant ce que son père lui a fait subir quand il était enfant, le personnage de Christian se met à dos sa famille qui lui demande pourquoi il a décidé de tout révéler maintenant, alors que les faits datent de plusieurs années et parce qu'il a fait du mal au chef de famille. La victime est mise de côté, le seul intérêt qui compte est celui de l'agresseur qui bénéficie du soutien de ses pairs.

Il s'agit d'un mécanisme qu'évoque Andréa Bescond dans son spectacle « Les Chatouilles » qui a également connu une adaptation cinématographique : lorsqu'Odette décide de porter plainte contre l'un des très bons amis de ses parents qui l'a violée quand elle était enfant, sa mère lui en veut. Elle ne comprend pas pourquoi Odette décide de malmener cet ami si cher de la famille.

La dénonciation est l'exception, en matière d'inceste et de pédophilie. Garder le silence est un moyen pour les adultes qui auraient pu agir de continuer à se voiler la face et de pouvoir se regarder dans le miroir. C'est pourquoi le silence de l'inceste est banalisé.

Dans son ouvrage *Inceste et pédocriminalité, crimes contre l'humanité*, l'anthropologue et psychologue clinicien Illel Kieser

---

1. ELIACHEFF, Caroline. « Le mal du siècle : inceste et pédophilie », *Cités, op. cit.*, pp. 175-186.

el Baz affirme que l'inceste est une affaire qui concerne toute la société, « *et si certains témoignages choquent par leur nature crue, ils parlent d'une réalité pénible, atroce, irréelle et celle-ci tend à se banaliser. [...] Sortir d'une culture du silence s'impose plus que jamais !* ». [1]

Or, si l'on reprend la théorie de Dorothée Dussy qui considère que l'inceste est une manifestation du système de dominations dans lequel nous vivons, le silence de l'inceste ne peut qu'être banalisé. Patric Jean la rejoint en affirmant que parler d'inceste sous le prisme de la domination masculine invite à remettre en question les privilèges masculins. Il y aurait un risque que « *leur pouvoir soit totalement aboli.* » [2]. Il convient donc de ne pas en parler, de ne pas dénoncer l'inceste, au risque que les dominants de notre société ne soient mis en porte-à-faux !

Ainsi, banaliser l'inceste permet à la fois de protéger les auteurs directs des incestes, mais aussi ceux qui n'ont rien dit et qui savaient que l'on pourrait qualifier de complices.

Le Code pénal définit le complice à l'article 121-7 comme « *la personne qui sciemment, par aide ou assistance, en a facilité la préparation ou la consommation. Est également complice la personne qui par don, promesse, menace, ordre, abus d'autorité ou de pouvoir aura provoqué à une infraction ou donné des instructions pour la commettre.* »

Partant, en ne dénonçant pas l'incesteur, l'autre parent, le reste de la famille, les amis ou les voisins rendent possible la commission et la continuation de ses actes. Le silence agit comme une protection que la dénonciation fait exploser.

Quant à l'inceste commis entre adultes, il ne peut qu'être banalisé, dans la mesure où la loi ne le réprime pas. Le droit pénal réprime les comportements que la Société considère indécents ou

---

1. KIESER EL BAZ, Illel, *Inceste et pédocriminalité : crimes contre l'humanité*, Lierre et Coudrier, Broché, 2019, p.29.

2. JEAN, Patric, *La loi des Pères*, Editions du Rocher, 2020, p. 7.

blessants au point qu'une peine doit être appliquée à leurs auteurs. En matière d'inceste, nous verrons que le Code pénal a difficilement intégré l'inceste entre un majeur et un mineur mais, surtout, que les relations sexuelles entre majeurs consentants ne sont pas réprimées. La seule limite en la matière est posée par le droit civil qui prévoit une courte liste d'interdits à mariage.

Cette incohérence juridique contribue à la banalisation sociale de l'inceste. En effet, si les deux parties sont consentantes, il n'y a pas lieu d'appliquer une sanction pénale. Rappelons toutefois que l'inceste est un interdit universel datant du début de la civilisation. La loi pénale ne semble pas s'en soucier, préférant mettre l'individualisme au cœur de son dispositif : s'il y a consentement, il n'a pas à interférer dans les relations interpersonnelles.

Sauf qu'un inceste entre personnes majeures peut avoir commencé quand l'une des parties était mineure, et dans ce cas une emprise a pu naitre contribuant à perpétuer cette relation. Illel Kieser el Baz affirme que « *D'après les Renseignements Généraux, 1 à 4 adultes pour 1000 vivraient des unions incestueuses* » [1]. Le psychologue Jean-Luc Viaux évoque, dans son ouvrage *La haine de l'enfant*, la situation d'une petite fille de onze ans dont la belle-mère était une sœur issue d'une autre union de son père. [2] Celui-ci ne ressentait d'ailleurs aucune honte ni gêne à vivre cette situation qui, en tout état de cause apparemment, concernait deux adultes consentants. Pourtant, il y a un interdit à mariage dans cette situation. Pour Jean-Luc Viaux, cette situation devrait être considérée comme un « *crime contre l'humanisation* » qui atteint la généalogie, la place des individus dans une famille. En ne prenant pas cette situation en compte, le droit nie une réalité à la fois sociale et psychologique et participe à banaliser l'inceste et donc à garder le silence sur ce crime.

---

1. KIESER EL BAZ, Illel, *Inceste et pédocriminalité : crimes contre l'inceste*, *op. cit.*, p.38.

2. VIAUX, Jean-Luc. « 8. L'inceste : la haine transgénérationnelle », *La haine de l'enfant. Les vraies causes de la maltraitance et des violences*, sous la direction de Viaux Jean-Luc. Dunod, 2020, pp. 199-223.

2

Le silence de l'inceste en psychologie

Non seulement l'arrivée de la psychanalyse a participé au silence de l'inceste (Section 1), mais en plus il apparait qu'une volonté collective d'occulter l'inceste bloque la parole des victimes et de ceux qui en prennent connaissance (Section 2).

Section 1. Le rôle de la psychanalyse dans le silence de l'inceste

Le rapport de la psychanalyse à l'inceste est plus nuancé qu'il n'y parait (§1). A ces théories psychanalytiques, il convient d'ajouter l'étude des mécanismes psychiques de la victime l'empêchant de se souvenir de ce qu'elle a vécu (§2). Enfin, à l'échelle individuelle, la thérapie transgénérationnelle permet aux victimes de se souvenir, comprendre et mettre des mots sur l'inceste qu'elles ont subi personnellement ou non (§3).

§1. Les théories psychanalytiques

La psychanalyse a étudié tant l'interdit de l'inceste (A) que le silence qui l'entoure (B).

A. L'interdit de l'inceste selon la psychanalyse

Œdipe et Jocaste régnaient à Thèbes depuis une vingtaine d'années quand des malheurs ont commencé à s'abattre sur la ville. L'oracle affirme qu'ils cesseront lorsque le meurtrier de Laïos, le premier mari de Jocaste, sera puni. Qu'à cela ne tienne, Œdipe est un roi dédié à son peuple et ne souhaite que son bonheur. Il enquête et découvre la terrible vérité : en plus d'être le meurtrier du dernier roi de Thèbes, il en est aussi le fils. Par là même, il s'aperçoit que Jocaste, son épouse, est sa mère. Il est donc à la fois père et frère des quatre enfants qu'il a eus avec elle. Refusant de continuer à voir la vérité en face, Œdipe se crève les yeux. Ainsi Sophocle nous raconte le mythe d'Œdipe dans sa pièce *Œdipe Roi*. La réalité de l'inceste, en tout état de cause, est insoutenable pour Œdipe qui préfère demeurer aveugle à la situation.

Sigmund Freud (1856-1939) est parti de ce mythe pour construire la psychanalyse. Dans *L'interprétation des rêves*, il affirme qu'Œdipe a réalisé le rêve de tous les enfants puisque « *nous avons tous senti à l'égard de notre mère notre première impulsion sexuelle, à l'égard de notre père notre première haine ; nos rêves en témoignent.* » [1]. Pour Freud, il y a un désir inhérent à chaque personne pour ses parents. Il affirme même qu'il y a deux sortes de complexes d'Œdipe : un positif (hétérosexuel) et un négatif (homosexuel). [2] C'est alors à partir du sexe du parent que l'enfant désire que sa sexualité se construit. Il apparait presque que le désir d'inceste est un passage obligé pour la construction de l'enfant. Toutefois, l'enfant comprend vite qu'un autre parent est présent et qu'il ne pourra prendre sa place. Jacques Lacan (1901-1981) nous dit, à la suite de Freud, que « *la représentation*

---

1. FREUD, Sigmund, *L'interprétation des rêves*, 1900 *in.* Perron, Roger, et Michèle Perron-Borelli. « Chapitre I. Mythe et « complexe » », Roger Perron éd., *Le complexe d'Œdipe*. Presses Universitaires de France, 2016, pp. 3-19.

2. AMERONGEN, France, « Le désir et ses métamorphoses », *Cahiers Jungiens de psychanalyse*, [en ligne], 1997/2 (N°89), pp. 7-17. (Consulté le 04/03/2023 sur : https://www-cairn-info.proxybib-pp.cnam.fr/revue-cahiers-jungiens-de-psychanalyse-1997-2-page-7.htm&wt.src=pdf).

imaginaire d'un père en chair et en os empêcherait l'inceste avec ses mots menaçants » [1]. Par ailleurs, les attitudes d'auto-érotisme, la manifestation d'un intérêt pour son propre corps comme le fait de sucer son pouce, permettent à l'enfant de faire son deuil de son parent désiré [2].

Le psychologue et psychanalyste Bruno Clavier invite toutefois à faire attention aux propos de Freud et considère que celui-ci joue un rôle direct dans le silence de l'inceste. En effet, dans son ouvrage *L'inceste ne fait pas de bruit*, Bruno Clavier ouvre son chapitre sur la psychanalyse avec cette question : « *Comment passer sous silence le fait que le père de Freud était un pédocriminel ?* » [3]. C'est un point à ne pas oublier lorsque l'on étudie la psychanalyse puisque le désir œdipien du meurtre du père ou la notion de fantasme peuvent directement trouver leur origine dans les fellations qu'a imposé le père de Sigmund Freud à ses enfants, et non pas dans une réflexion objective sur le sujet. Le fondateur de la psychanalyse a toutefois préféré, semble-t-il, nier cette partie de son histoire (en tout cas celle de ses frères et sœurs). Freud voyait tout par le fantasme, occultant le fait que, si ses patients rêvaient de violences sexuelles, c'était peut-être parce qu'elles en avaient vécu étant enfants.

Dans ses premiers temps, la psychanalyse a ainsi inversé le poids de la culpabilité de l'auteur vers la victime : le désir incestueux d'une personne vient de ses fantasmes qui participent de sa construction, et non du fait qu'elle a pu être victime elle-même.

Anne-Claude Ambroise-Rendu, dans son *Histoire de la pédophilie*, réfute cependant cette interprétation simpliste des théories psychanalytiques. D'abord, elle souligne que la psychanalyse freudienne a non seulement mis au jour l'existence de la sexualité de l'enfant, le complexe d'Œdipe, mais également le fait que, si

---

1. LIPPI, Silvia. « L'auto-érotisme, un « simulacre » du nom du père », *Transgressions. Bataille, Lacan*, sous la direction de Lippi Silvia. Érès, 2008, pp. 147-153.

2. *Ibid.*

3. CLAVIER, Bruno, *L'inceste ne fait pas de bruit. Des violences sexuelles et des moyens d'en guérir*, Payot, Coll. Essais, 2021, 224 p.

une petite fille aime son père, elle aime aussi sa mère. La résolution du complexe d'Œdipe qui finit par arriver permet à l'enfant d'avoir une relation ajustée avec ses parents. [1]

Ensuite, elle indique que les théories psychanalytiques sur l'inceste ne sont pas la cause du silence qui a entouré ces agressions. C'est plutôt la mauvaise interprétation qui en a été faite durant le XXème siècle qui considérait que le désir pour ses parents était un fantasme destiné à être assouvi.

Freud avait pour réelle intention de mettre les abus en exergue : si l'enfant fantasme, c'est qu'il a une sexualité et qu'il peut vouloir dire non. Considérer que l'inceste est simplement l'assouvissement du désir et du fantasme de l'enfant n'a alors pas de sens au regard de la théorie psychanalytique. D'ailleurs, la psychanalyse considère plutôt que l'inceste constitue un abus, voire un traumatisme et considère qu'il faut accueillir la parole des enfants. Anne-Claude Ambroise-Rendu tient, à cet égard, à corriger une erreur d'interprétation de la psychanalyse : Freud ne considère pas que les enfants disent toute la vérité, ni qu'ils mentent complètement. Il s'agit plutôt de comprendre le traumatisme infantile, ses origines et comment l'enfance prépare à l'âge adulte.

De sorte qu'à la suite de Freud, des psychanalystes ont commencé à mener des psychanalyses infantiles. Celles-ci invitent en effet à penser que « *L'enfant parle et produit des énoncés intelligibles qu'on peut, qu'on doit prendre au sérieux* » [2].

Le psychiatre et psychanalyste Paul-Claude Racamier a quelque peu adapté la théorie de Freud, mettant en exergue que l'inceste, loin d'être la réalisation du complexe d'Œdipe, en étant l'opposé. En effet, le complexe d'Œdipe est censé rester confiné au stade du fantasme, sans jamais avoir à se réaliser. Odile Bour-

---

1. AMBROISE-RENDU, Anne-Claude, *Histoire de la pédophilie : XIX-XXIè siècles*, Fayard, coll. Histoire, 2014, 352 p.

2. *Ibid.*

guignon, expliquant la théorie de Racamier, écrit que : « *La réalisation de l'acte abrase tout aussitôt la fantasmatique qui l'eût préparé à la vie génitale, comme le jeu permet de rêver la vie* » [1]. La castration est en principe inhérente au complexe d'Œdipe et est censée prendre fin et, selon Racamier, permettra à l'enfant, une fois adulte, de continuer à avoir du désir. Partant, l'inceste est « *l'absence de castration [qui aboutit] à éviter le désir* », puisqu'elle rend floue la place de chacun au sein de sa cellule familiale. [2]

Le fait de rendre floues les limites entre les membres de la famille cause un déséquilibre psychique chez l'enfant. « *L'interdit de l'inceste fonde l'institution parentale* », écrit Odile Bourguignon. C'est pourquoi tout parent qui s'y adonne ne peut être considéré comme un parent, mais comme un pervers ou une personne psychiquement inorganisée [3].

Le rétablissement de la vérité sur les théories de Freud n'est pas incompatible avec les propos du psychologue Bruno Clavier. En effet, celui-ci souligne que si Freud a mis le doigt sur la sexualité de l'enfant, il a mis le fantasme en avant et mis de côté l'amnésie. De sorte qu'en disant que l'inceste est un fantasme nécessaire à la construction des individus, qui est voué à ne jamais se réaliser, la psychanalyse a effectivement normalisé le désir d'inceste.

B. Le silence de l'inceste selon la psychanalyse

La famille est le socle qui fonde la psyché d'une personne. Les parents éduquent leurs enfants, leur donnent des indications, des conseils, des ordres, et surtout ils posent des interdits. L'un de ces interdits concerne le rapport au corps de l'enfant et ce que les autres ont le droit de faire sur ce corps.

---

1. BOURGUIGNON, Odile. « Séduction et inceste. Perspectives psychanalytiques », Dana Castro éd., *Incestes*. L'Esprit du temps, 1995, pp. 31-47.

2. *Ibid.*

3. *Ibid.*

Les psychanalystes Ariane Bilheran et Amandine Lafargue reprennent, dans leur ouvrage *Psychopathologie de la pédophilie*, le cas d'une petite fille qui était allongée sur un canapé, les jambes en l'air pour faire comme si elle marchait au plafond. Passant par-là, sa grand-mère lui a tapé les fesses, disant que c'est pour plaisanter. La petite fille lui a répondu que ce n'est pas bien et la grand-mère a rétorqué « *C'est moi la grande, je fais ce que je veux* » [1].

Cette simple phrase légitime tous les comportements intrusifs que des adultes pourraient avoir sur des enfants même si ces derniers ne sont pas d'accord. La volonté de l'enfant passe après celle de l'adulte. Par ailleurs, le fait, pour un adulte, de légitimer son comportement par son âge constitue un argument d'autorité qui confine la volonté de l'enfant au silence. Quoiqu'il dise, de toute façon, l'enfant ne sera pas écouté.

Ariane Bilheran et Amandine Lafargue poursuivent en évoquant les conséquences de l'imbrication entre violence et éducation. Si, au sein de la famille nucléaire, des violences sexuelles sont commises sur les enfants, il s'agit pour ces derniers d'un mode d'éducation. La violence sexuelle est une manière, pour le parent, de manifester son amour pour son enfant. D'ailleurs, ce parent se montre tout à la fois mielleux, bienveillant et violent. « *Telle la figure du dieu romain Janus* » [2], notent les auteures.

De sorte que l'inceste déforme la perception de la violence par l'enfant. Celui-ci intériorise le processus de violence et ne comprendra pas ce qu'il y a à dénoncer. Il s'agit d'un acte banal qui vient de personnes qui ont autorité sur lui et sont censées l'aimer.

Le secret fait partie du processus d'inceste. La journaliste Charlotte Pudlowski est revenue sur le mécanisme du silence de

---

1. BILHERAN Ariane, et LAFARGUE Amandine. « Chapitre 2. Clinique de l'intime », *Psychopathologie de la pédophilie. Identifier, prévenir, prendre en charge*, sous la direction de Bilheran Ariane, Lafargue Amandine. Dunod, 2021, pp. 83-178.

2. *Ibid.*

l'inceste dans son ouvrage *Ou peut-être une nuit*. Elle a ainsi constaté que, dans beaucoup de cas, l'incesteur demandait à la victime de ne rien dire car « C'est notre secret » [1]. Le secret fait partie de la relation d'emprise qui crée un conflit de loyauté pour l'enfant.

En effet, le conflit de loyauté peut se définir comme « *les conflits intrapsychiques d'un individu face à l'impossibilité de choisir entre deux situations. Le conflit de loyauté, pour un enfant, se constate à chaque fois qu'il se trouve amené (réellement ou symboliquement) à ''choisir'' entre deux personnes* » [2]. Dans le cas de l'inceste, soit l'enfant choisit le camp de l'incesteur et obéit à son injonction de garder le silence, soit il choisit le camp de l'autre parent qui ne sait, *a priori*, rien. Si cet autre parent connait la réalité de la situation, le conflit de loyauté se déplace : l'enfant est tiraillé entre sa volonté de faire cesser la situation et la volonté de(s) l'incesteur(s) de garder le silence.

De surcroît, selon le psychanalyste Ferenczi, il y a un mécanisme d'introjection qui confine davantage la victime au silence. Il s'agit en effet de la situation où la victime des agressions sexuelles ressent les sentiments que devrait ressentir l'auteur de ces agressions. Ainsi, la honte et la culpabilité que l'agresseur ne ressent pas se déportent sur la victime. [3]

Or, la honte empêche de parler, comme l'explique Florence Porcel dans son livre-témoignage, *Honte*. Bien qu'il ne s'agisse pas d'un inceste, mais d'un viol, ce sentiment de honte nous intéresse, le sentiment d'enfermement, de honte et de culpabilité ressenti par la victime étant le même. Reprenant les chiffres des ministères de l'Intérieur et de la Justice de 2021, Florence Porcel écrit que 53% des victimes de viol ne portent pas plainte « pour éviter que cela se sache ». [4] A cet égard, Hélène Devynck a dit dans un entretien pour le magazine *Elle* : « *Mais dès qu'on parle,*

---

1. PUDLOWSKI, Charlotte, *Ou peut-être une nuit*, Grasset, 2021, 272 p.

2. GODARD-WITTMER, Rebecca. « L'enfant piégé par le conflit de loyauté », *Le Journal des psychologues*, vol. 322, n°9, 2014, pp. 47-51.

3. BILHERAN Ariane et LAFARGUE Amandine. « Chapitre 2. Clinique de l'intime », *op. cit.*

4. PORCEL, Florence, *Honte*, JCLattès, La Grenade, 2023.

on vous ramène à la honte, car on doute de vous […]. Moi-même je vivais beaucoup mieux en me taisant qu'en parlant. » [1].

La honte amène à une autocensure. Elle ne pèse cependant pas sur les épaules de la bonne personne, en raison de l'introjection et du sentiment d'impunité et de domination de l'auteur de l'inceste sur lequel nous reviendrons plus tard.

La psychanalyse a également permis de mettre au jour le « souvenir-écran », une image fixe qui permet de calmer la violence du souvenir. Ariane Bilheran et Amandine Lafargue parlent d'un « *arbre qui cache la forêt* » et invitent les individus ayant des souvenirs flous de certaines situations traumatiques à « écouter » leurs rêves, leurs cauchemars et leurs fantasmes. Il s'agit d'un moyen de faire remonter des souvenirs ou de travailler leur rapport à leur corps ou à l'autre qui peut être détruit par des transgressions sexuelles infantiles. [2]

Selon Omar Guerrero, enfin, la psychanalyse a pour but de faire sortir l'individu de son silence. En effet, elle vise à prendre les patients en compte dans leur ensemble avec leur langue, leur culture, leur langage et, surtout, leur parole. Cette parole qui libère et aide l'individu à renouer des liens avec les autres et avec lui-même, après le traumatisme qu'il a vécu. [3]

---

1. Hélène Devynck, dans *Elle*, le 20 septembre 2022 : https://www.elle.fr/Societe/News/Affaire-PPDA-Nos-temoignages-permettaient-d-identifier-un-predateur-sexuel-l-interview-poignante-d-Helene-Devynck-4057012

2. BILHERAN, Ariane et LAFARGUE Amandine. « Chapitre 2. Clinique de l'intime », *op. cit.*

3. GUERRERO, Omar. « Pourquoi la psychanalyse ? », *Mémoires*, vol. 73, n°2, 2018, pp. 11-13.

§2. Les mécanismes de défense psychiques au service du silence de l'inceste

Psychiquement, la victime est empêchée de parler tant à cause du syndrome de stress post-traumatique (A) qu'à cause du phénomène d'accomodation (B).

A. Le rôle du syndrome de stress post-traumatique dans le silence de l'inceste

« *L'inceste constitue l'un des traumatismes psychiques les plus sévères exposant non seulement au* post-traumatic stress disorder *(PTSD), à divers autres troubles mentaux comme les états dépressifs, les troubles du comportement ou les addictions, mais aussi à des troubles de la personnalité.* » [1], selon le Docteur Gilbert Vila, spécialiste en psychopathologie et travaillant au centre de victimologie pour mineurs à l'Hôpital Armand-Trousseau.

Bien qu'ayant fait l'objet de recherches dès la fin de la guerre du Vietnam, ce syndrome n'est apparu dans le *Manuel diagnostique et statistique des troubles mentaux* (DSM III) que dans les années 1980. Il est d'abord classé dans les troubles anxieux. Depuis la parution du DSM V, ce syndrome est autonome, disposant d'un chapitre propre. Selon ce dernier DSM, le syndrome de stress post-traumatique crée des comportements d'évitement, des symptômes d'intrusions, des altérations cognitives, des troubles de l'humeur et des perturbations de la vigilance et de la réactivité. [2]

Anne-Laure Devin évoque ainsi des désordres liés à la mémoire à cause du syndrome de stress post-traumatique. Résumant la littérature sur le sujet, elle constate que la mémoire verbale et

---

1. VILA, Gilbert. « Inceste sur mineurs et troubles psychotraumatiques chroniques : considérations cliniques », *Perspectives Psy*, vol. 61, n°2, 2022, pp. 133-137.

2. DEVIN, Anne-Laure. « Chapitre 5. Syndrome de stress post-traumatique et troubles cognitifs associés », Sébastien Montel éd., *Neuropsychologie et santé. Identification, évaluation et prise en charge des troubles cognitifs.* Dunod, 2014, pp. 123-157.

les rappels immédiats sont altérés par ce syndrome. L'apprentissage de nouveaux mots devient plus difficile pour les sujets. [1]

Concernant les très jeunes enfants, l'existence d'un syndrome de stress post-traumatique a été débattue. En effet, comment un enfant de moins de trois ans pourrait-il subir un traumatisme alors qu'il est en pleine construction et qu'il sait à peine ce qui est bon pour lui ou non ?

Melville répond très simplement à cette interrogation : un événement traumatique précoce est « *un événement qui dépasse les capacités sensorielles ou d'autorégulation de l'enfant, menace le bien-être de l'enfant ou celui de son donneur de soins, lui indique que le monde est incontrôlable et imprévisible, et/ou implique des stresseurs qui dépassent les ressources habituelles de l'enfant ou de son donneur de soins* » [2]. Ainsi, un bébé ou un enfant très jeune peut non seulement être traumatisé par le fait de voir l'un de ses parents traumatisé ou particulièrement bouleversé, mais aussi parce qu'il vit quelque chose de trop intense par rapport à sa maturité. Le traumatisme est dû à ce que l'enfant perçoit comme étant une violence.

Cyril Tarquinio et Yann Auxéméry affirment dans le *Manuel des troubles psychotraumatiques* que, lorsqu'un enfant subit une agression sexuelle, il est notamment « *soumis prématurément à une excitation inappropriée, en décalage complet avec sa maturité* » [3]. De surcroit, en 2003, les psychologues Jane Paley et Judit Alpert ont mené une étude sur des enfants qui avaient subi un événement traumatique avant l'âge de deux ans. Elles ont donc

---

1. *Ibid.*

2. Melville, 2017, *in* TARQUINIO, Cyril, et AUXEMERY Yann,« Chapitre 16. Le psychotraumatisme chez l'enfant et l'adolescent », *Manuel des troubles psychotraumatiques. Théories et pratiques cliniques*, sous la direction de Tarquinio Cyril, Auxéméry Yann. Dunod, 2022, pp. 504-540.

3. TARQUINIO, Cyril, et AUXEMERY Yann. « Chapitre 16. Le psychotraumatisme chez l'enfant et l'adolescent », *op. cit.*

mis en évidence l'existence d'une mémoire non verbale et fiable [1].

Il n'y a aujourd'hui, fort heureusement, plus de débat sur la question de l'existence d'un syndrome de stress post-traumatique chez l'enfant.

Une fois ce constat posé, arrive le difficile établissement du lien avec des violences sexuelles intrafamiliales. On l'a vu, le syndrome de stress post-traumatique crée des symptômes d'intrusions tels que des cauchemars, des comportements d'évitements, des troubles de l'attention qui peuvent être des comportements dus à un caractère et non pas spécifiquement à des violences subies – qu'elles soient ou non de nature sexuelle et intrafamiliale. De sorte que si un enfant qui adopte une attitude de rejet de l'autre est-il simplement timide ? ou cache-t-il un lourd secret ? et ce secret, quel est-il ? Nous reviendrons plus tard sur les compétences d'écoute que doivent avoir ou développer les médecins et les juges, mais il est évident que « détecter » un inceste derrière des troubles de l'attention n'est pas chose aisée.

La difficulté apparait alors double : il faut qu'un tiers comprenne que l'environnement dans lequel vit l'enfant n'est pas sain, mais en plus que ledit enfant accepte de parler.

Or, si les comportements d'évitements font partie des symptômes du syndrome de stress post-traumatique, c'est parce qu'il s'agit d'un mécanisme de défense du cerveau humain. En effet, la victime peut subir des troubles dissociatifs qui consistent à automatiquement s'extraire d'une situation présente, ce qui entraine « *une anesthésie émotionnelle* » [2].

Il s'agit d'un état d'irréalité, un état second qui peut s'observer en imagerie fonctionnelle.

---

1. *Ibid.*

2. LOPEZ, Gérard. « Leçon 4. Examen d'une femme victime de violences de couple », *Prendre en charge les victimes d'agressions et d'accidents. Accueillir, orienter, traiter*, sous la direction de Lopez Gérard. Dunod, 2014, pp. 86-103.

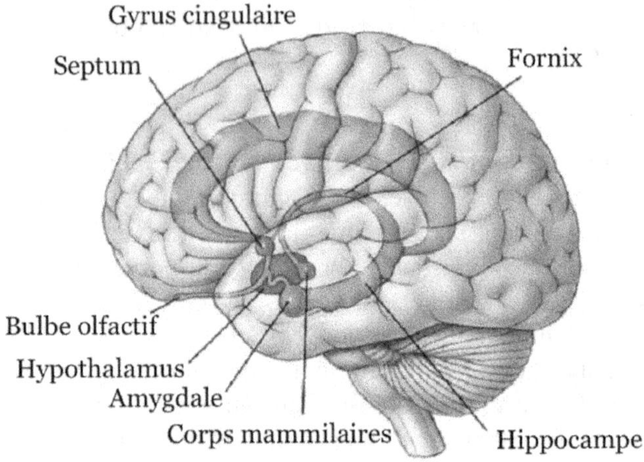

Figure 2
Imagerie d'un cerveau (Neuromédia)
Les amygdales et l'hippocampe constituent le cerveau limbique qui gère les émotions. Dans une situation stressante, qui nécessite une réaction vive, l'hypothalamus demande aux amygdales de sécréter de l'adrénaline et du cortisol. Il s'agit d'une réaction de défense du cerveau qui permet au sujet de mobiliser toutes ses ressources pour fuir la situation stressante, mais elle ne dure pas, l'hippocampe annulant rapidement la réaction de stress[1].

Il en va différemment lorsqu'il s'agit d'un événement traumatique qui entraine une hyperstimulation des amygdales. Celle-ci coupe les amygdales du reste du cerveau, d'une certaine manière, leur empêchant d'annuler la réaction de stress et créant un sur-

1. CARIO, Robert, *Les femmes résistent au crime*, 1997, coll. Transdisciplines, L'Harmattan.

voltage. De sorte que, lorsqu'un individu vit un événement traumatique, il ne sait plus faire la différence entre cette situation et une situation non stressante. [1]

Gérard Lopez utilise la métaphore du magnétoscope pour faire comprendre les raisons du mutisme de victimes d'événements traumatiques : ledit événement (un inceste, pour ce qui nous intéresse) est resté piégé dans les amygdales, de sorte que dès qu'une situation rappelle ou symbolise cet événement, il reviendra dans le cerveau psychotraumatisé, comme si un magnétoscope s'était automatiquement activé. Ainsi, le sujet revit le traumatisme. Pour fuir cette reviviscence, l'individu va adopter des conduites d'évitement et de mutisme.

Partant, les mécanismes de défense du cerveau humain profitent aux auteurs d'incestes, empêchant la victime de parler de ce qu'elle a vécu.

B. Le syndrome d'accommodation

Cette accommodation a été découpée en plusieurs phases par le psychologue Yves-Hiram Haesevoets, mais elle avait déjà été étudiée par le psychanalyste Paul-Claude Racamier dans les années 1990 sous le nom de « décervelage ». [2] Il s'agit de séduire l'enfant, de le mettre sous emprise, pour qu'il ne se rende plus compte de la réalité et soit privé de sa liberté.

Yves-Hiram Haesevoets, découpe l'inceste en plusieurs phases. Selon lui, il y a d'abord une phase initiale, puis une phase d'interaction sexuelle et, enfin, vient la phase du secret. Dans la première phase, Yves-Hiram Haesevoets distingue à nouveau trois étapes : la recherche d'intimité, l'accès au corps de l'enfant,

1. LOPEZ, Gérard. « Leçon 1. Fréquence et inventaire des troubles somatiques et psychotraumatiques à la suite d'accident ou d'agression », *Prendre en charge les victimes d'agressions et d'accidents. Accueillir, orienter, traiter*, *op. cit*, pp. 2-45.

2. RACAMIER, Paul-Claude,, « Pensée perverse et décervelage », *in* « Secrets de famille et pensée perverse », *Gruppo* n°8, éditions Apsygée, Paris, 1992. *In* Hirigoyen, Marie-France. « La séduction perverse », *Le harcèlement moral. La violence perverse au quotidien*, *op. cit.*

l'incitation et le forçage. Il s'agit en effet d'abord de trouver un moment où être seul avec l'enfant, à prendre possession de son corps et à attirer l'enfant dans ce qu'il pourra présenter comme un jeu, une activité spéciale. Or, pour un enfant, faire une activité nouvelle avec un adulte constitue un stimulant affectif, voire une marque d'amour. L'enfant ne se méfie alors pas, ne prend pas de recul.°[1]

La phase des interactions sexuelles peut se dérouler de plusieurs façons, allant du regard à la pénétration en passant par l'attouchement. Quant à la phase du secret, le psychologue précise qu'il s'agit de l'une des premières préoccupations de l'incesteur. « *L'occultation de l'acte permet sa répétition et sécurise l'abuseur* »°[2]. Le corps de l'enfant devient accessible, malléable, disponible grâce au secret.

Il peut arriver que l'enfant ressente une forme de plaisir, selon son âge et sa maturité, précise Yves-Hiram Haesevoets. Ce plaisir peut être dû à la stimulation sexuelle elle-même, mais aussi au fait d'être au cœur de l'attention de l'adulte. Toutefois, à ce sentiment de valorisation s'ajoute celui d'une perte de repères, l'adulte exerçant en même temps une forme de pression affective pour toujours mieux manipuler l'enfant. Le chantage, la menace verbale ou physique sont autant de moyens dont dispose l'auteur de l'inceste pour empêcher l'enfant de faire cesser la situation. Il la supporte, ne dit rien, et l'inceste peut s'installer dans la durée°[3].

L'accommodation est d'autant plus forte que l'auteur de l'inceste est, par hypothèse, un membre de la famille dont la relation proche avec l'enfant ne parait pas gênante. En tout cas, elle est, en apparence, parfaitement acceptable. Les opportunités d'inceste sont donc illimitées : en l'absence de barrières sociales et

1. HAESEVOETS, Yves-Hiram. « 5 Phénoménologie de l'interaction incestueuse et syndrome d'accommodation », *L'enfant victime d'inceste. De la séduction traumatique à la violence sexuelle*, *op. cit.*, pp. 63-73.

2. *Ibid.*

3. *Ibid.*

familiales, l'auteur ayant toute la marge de manœuvre qu'il désire.

De surcroit, Yves-Hiram Haesevoets souligne que les enfants abusés ne découvrent que très tardivement que ce qu'ils ont vécu n'est pas normal. L'auteur de l'inceste présentant les actes comme des jeux – spéciaux certes, mais des jeux malgré tout – l'enfant ne comprend pas le caractère abusif de ce qu'il vit. Une certaine gêne s'installe chez l'enfant lorsque l'auteur des abus évoque la sexualité, voire montre des photos à caractère pornographique mais l'enfant l'interprète comme une phase de son apprentissage. Il s'agit là encore d'un signe d'implantation de la situation dans le quotidien de la victime qui s'y habitue et ne la remet en question que bien plus tard. L'enfant supporte l'inceste, s'y accommode, estimant qu'il vaut mieux ne pas révéler ce secret qu'il partage avec l'adulte, de toute façon il est impuissant et soumis à la volonté de cet incesteur qui lui montre des signes d'affection de temps en temps. [1]

L'auteur de l'inceste manigance son coup, en créant un terrain favorable à la confiance de l'enfant, s'assurant qu'il ne révèlera rien. Il joue particulièrement sur les sentiments de l'enfant, lui disant par exemple que l'autre parent sera dévasté s'il entend parler du secret qu'ils partagent. Marie-France Hirigoyen ajoute à cet égard que la victime sous emprise obéit à son agresseur « *pour le réparer puisqu'il a l'air malheureux* » [2]. Le chantage affectif fait pleinement partie du phénomène d'emprise.

De surcroit, la domination, qui s'exerce lors du syndrome d'accommodation, « *entraine l'autre à suivre par la dépendance, c'est-à-dire acquiescement et adhésion.* » [3]. La victime sous emprise ne sait distinguer le bien du mal, *a fortiori* lorsqu'elle est un enfant en pleine construction et qu'un adulte présente ce qu'il lui fait comme une part de son éducation.

1. *Ibid.*

2. HIRIGOYEN, Marie-France. « La séduction perverse », *op. cit.*

3. *Ibid.*

§3. La thérapie transgénérationnelle : une tentative pour briser le silence de l'inceste

« *Ce que la bouche tait s'exprime par les doigts* » [1]
Sigmund Freud

L'inceste engendre différentes conséquences : la perte de repères pour la victime qui ne sait plus qui elle est dans la famille et qui est l'auteur de l'inceste par rapport à elle, de potentiels symptômes de stress post-traumatique, un isolement et, parfois, une reproduction du schéma.

Ce risque peut être analysé sous le prisme des lois de l'imitation théorisées par Gabriel Tarde à la fin du XIXème siècle. Selon lui, la Société est un ensemble d'individus qui ne se ressemblent que « *parce qu'ils s'imitent ou se contre-imitent* » [2]. De sorte que, dans une famille où la situation incestueuse n'est pas remise en question, les risques de reproduction du schéma sont grands. Alice Miller affirme à cet égard que l'adulte qui a été victime d'inceste quand il était petit risque de sentir une insécurité vis-à-vis de ses enfants. Il pourra réfréner ses gestes d'attention, ayant l'impression d'être trop intrusif ou, au contraire, il leur inflige ce qu'il a vécu sans s'en rendre compte [3]. Le psychiatre Albert Crivillé ajoute que le parent abuseur voit son enfant comme son « double narcissique », l'être sur lequel le parent

1. FREUD, Sigmund, *in*. Ancelin Schützenberger, Anne. « Secrets, secrets de famille et transmissions invisibles », *Cahiers critiques de thérapie familiale et de pratiques de réseaux*, vol. n°33, n°2, 2004, pp. 35-54.

2. DJELLAL Faridah, et GALLOUJ Faïz. « Les lois de l'imitation et de l'invention : Gabriel Tarde et l'économie évolutionniste de l'innovation », *Revue économique*, vol. 68, n°4, 2017, pp. 643-671.

3. MILLER, Alice, *L'enfant sous terreur, l'ignorance de l'adulte et son prix*, Flammarion, 1986, p.188.

abuseur, qui a été abusé, rejette son besoin de structurer une relation au parent. « *Le corps de l'enfant renvoie le parent à son propre corps, dont il est le prolongement...* » [1].

Désireuse de mettre fin à ce risque de perpétuation de l'inceste, la psychologue Anne Ancelin Schützenberger a créé la psychologie transgénérationnelle, ou la psychogénéalogie. Cette forme de thérapie prend directement racines dans la psychanalyse. Sigmund Freud en pose d'ailleurs déjà les prémices avec son mythe d'Œdipe. En effet, le père d'Œdipe, Laïos est tombé sous le charme de l'un de ses élèves, l'a violé et l'a enlevé. Le comportement du père de Laïos n'est d'ailleurs pas sans lien avec ce que vivront les générations suivantes, puisqu'il a régné sur Thèbes par la violence, créant un climat d'instabilité dans la ville pour une longue période [2]. Les déboires familiaux des rois de Thèbes ne sont pas nés avec Œdipe qui a, sans le savoir, suivi un chemin déjà tracé. Il y a un lien ténu avec une forme de prédestination qui, en fait, revient à inviter des parents à parler de l'histoire familiale à leurs enfants afin de comprendre qui ils sont.

La psychologie transgénérationnelle part de l'idée que, en tout état de cause, « *Ce qui ne s'exprime pas en mots s'imprime, et s'exprime alors en maux* » [3]. De sorte qu'il convient, pour des individus, de connaitre leur histoire familiale afin de comprendre ce qu'ils vivent. Cette parole est d'autant plus importante et nécessaire lorsque le mal initial qui ronge la famille est revêtu d'un caractère tabou comme c'est le cas pour la sexualité, et donc l'inceste [4].

La psychogénéalogie consiste ainsi, concrètement, pour un individu à mettre des mots sur ses émotions, à construire un arbre généalogique, mais aussi à solliciter la mémoire corporelle. Il

---

1. Crivillé, 1986, p. 285, *in.* HAESEVOETS, Yves-Hiram, *L'enfant victime d'inceste : De la séduction traumatique à la violence sexuelle*, *op. cit.*

2. GAILLARD, Nicolas. « Chapitre 6. La place de la psychogénéalogie », *Les illusions de la psychogénéalogie. Nos ancêtres ont bon dos,* sous la direction de Gaillard Nicolas. Mardaga, 2022, pp. 149-197.

3. ANCELIN SCHÜTZENBERGER, Anne., *Psychogénéalogie : Guérir les blessures familiales et se retrouver soi*, Payot et Rivages, 2007.

4. *Ibid.*

s'agit de réveiller une mémoire inconsciente, d'aider un individu à comprendre certaines situations qu'il vit à la lumière de l'histoire familiale qui a été tue. Anne Ancelin Schützenberger affirme par ailleurs que, si cette thérapie transgénérationnelle a montré ses preuves et révèle des hypothèses souvent justes, elles doivent être vérifiées sur le terrain. [1] En tout état de cause, il apparait que la psychogénéalogie met à mal les secrets de famille.

Section 2. La volonté collective d'oublier l'inceste

Ne pas prendre la mesure du phénomène de l'inceste permet d'en minimiser les effets et de l'occulter (§1). Il constitue toutefois un fléau que l'on peut rattacher à des dominations banalisées et parfaitement intégrées, tant psychiquement que socialement (§2). Cette réduction de la réalité de l'inceste manifeste une volonté collective d'irresponsabilité qui mène à un silence généralisé sur le phénomène (§3).

§1. La difficile mesure du phénomène de l'inceste

L'emprise et le syndrome de l'accommodation qui enferment la victime sont invisibles. Dans le film « Les Chatouilles », relatant l'histoire vraie d'Andréa Bescond qui a été agressée sexuellement par un ami proche de ses parents quand elle était enfant, la petite fille cherche à s'éloigner de son agresseur sans que l'entourage ne comprenne pourquoi. Ils prennent cette attitude pour un caprice [2]. Cette réaction n'est pas surprenante et illustre même ce que Marie-France Hirigoyen écrit que l'entourage « *est entrainé dans un jugement négatif de la victime* » [3].

---

1. ANCELIN SCHÜTZENBERGER, Anne. « Secrets, secrets de famille et transmissions invisibles », *Cahiers critiques de thérapie familiale et de pratiques de réseaux*, vol. no 33, n°2, 2004, pp. 35-54.

2. BESCOND Andréa et METAYER Eric, « Les Chatouilles », 2018.

3. HIRIGOYEN, Marie-France. « La séduction perverse », *op. cit.*

Le juge Edouard Durand [1] a expliqué, le mercredi 12 octobre 2022 au micro d'Emmanuel Laurentin sur France Culture, que si un adulte parle aujourd'hui de violence qu'il a subies dans son enfance, on le croirait. En revanche, si un enfant parle de violences sexuelles intrafamiliales, « *on aura beaucoup plus de mal à le croire et à le protéger* » [2]. Le juge poursuit en disant qu'environ 160 000 enfants seraient victimes de violences sexuelles, chaque année. Le nombre de condamnations pour ces faits s'élève cependant péniblement à 1000 par an. De sorte que si l'enfant parvient à se sortir du phénomène d'emprise dans lequel il est enfermé, à parler, il lui faut faire face à un véritable parcours du combattant pour faire condamner l'auteur.

Nous reviendrons plus tard sur la prise en compte de la parole des victimes par la justice et le faible taux de condamnation des auteurs, mais il convenait ici de voir la différence entre la criminalité réelle et apparente. Ce chiffre noir de la criminalité ne peut être évalué de façon fiable à cause des amnésies traumatiques qui empêchent parfois les victimes d'agir dans les délais de prescription, à cause de la suspicion des adultes envers les enfants, à cause de la honte des victimes qui bloque leur parole.

La France a commencé à chiffrer l'inceste au début des années 2000. En 2014, l'association Mémoire Traumatique et Victimologie a interrogé 1214 victimes, ce qui a permis de mettre au jour la large sous-estimation du phénomène et le manque de formation des professionnels. Si cette étude avait le mérite d'exister pour ce qu'elle a permis de montrer, elle sous-évaluait largement le nombre d'agressions, puisqu'elle ne s'est intéressée qu'à des personnes majeures qui se souvenaient et qui osaient parler de ce

1. Co-président de la Commission indépendante sur l'inceste et les violences sexuelles faites aux enfants (CIIVISE).

2. LAURENTIN, Emmanuel, « Y a-t-il une culture de l'inceste en France ? », Le temps du débat [émission], France Culture, 12 octobre 2022, 37 min. Disponible sur : https://www.radiofrance.fr/franceculture/podcasts/le-temps-du-debat/y-a-t-il-une-culture-de-l-inceste-en-france-1303862.

qu'elles avaient subi. [1] Or, en 2014 on est avant le mouvement #MeToo, de sorte que témoigner était bien loin d'être évident.

L'association Face à l'inceste a également tenté d'élaborer des statistiques. Elle a commencé en 2009, avec un sondage téléphonique, commandé à Ipsos, pour lequel deux millions de Français ont révélé avoir été victimes d'inceste. En 2015, un sondage par Internet a été réalisé par Harris Interactive, mettant en lumière quatre millions de victimes. En 2020, une fois la vague #MeToo bien démarrée, l'association a estimé que la libération de la parole sur les faits de violences sexuelles était en marche et a commandé un nouveau sondage. Réalisé sur Internet par Ipsos, ce sondage a indiqué que 6,7 millions de Français avaient été victimes d'inceste, ce qui correspond à un français sur dix. [2]

Evolution de notre chiffre de l'inceste	2009 Ipsos (par téléphone)	2015 Harris (par internet)	2020 Ipsos (par internet)
Personnes interrogées connaissant une victime	26%	27%	32%
La personne victime est « Elle-même »	11%	22%	29%
Population française	64 304 500	66 422 469	67 063 703 (p)
Nombre de victimes en France	3%	6%	10%
Nombre de Français déclarant être victimes	2 millions	4 millions	6,7 millions

Tableau 1(p) populations 2018, 2019, 2020, état civil 2019, soldes migratoires 2017, 2018, 2019 : résultats provisoires à fin 2019.

Figure 3 - Sondages commandés par l'association Face à l'inceste

1. Rapport « Impact des violences sexuelles de l'enfance à l'âge adulte », mars 2015, *in* Pierson-Berthier, Myriam. « Introduction. Définitions et statistiques », *Le bébé maltraité se tait, mais il parle ! Signes cliniques et autobiographiques du bébé et du jeune enfant, victimes de violences sexuelles*, sous la direction de PIERSON-BERTHIER Myriam. Dunod, 2022, pp. 1-8.

2. https://facealinceste.fr/blog/publications/comment-nous-arrivons-au-chiffre-de-1-francais-sur-10-victime-d-inceste.

De ce sondage ressortent aussi que tous les milieux sont concernés, la moyenne d'âge des victimes est 9 ans, et que les agresseurs sont en grande majorité des hommes. Précisons toutefois que, si tous les milieux sont concernés, les catégories socio-professionnelles les plus populaires sont davantage exposées au phénomène. Illel Kieser El Baz écrit en effet que l'inceste est « *largement toléré dans les communautés villageoises* » [1]. La famille de Camille Kouchner représente, d'une certaine manière, une exception.

Quant aux victimes, la présidente de Face à l'inceste, Isabelle Aubry, a constaté que « *Peu d'hommes se déclarent victimes. Selon les sondages, ils seraient seulement 22% à avoir pris la parole* » [2].

L'on peut souligner que chaque nouvelle tentative de mesurer l'ampleur de l'inceste suscite l'émoi, comme si c'était la première fois que les chiffres apparaissaient. L'historienne Hélène Frouard affirme que « *en raison du tabou qui entoure l'inceste, ces chiffres sont régulièrement oubliés et redécouverts.* » [3]. Le tabou nous conditionne à ne pas parler et à oublier le phénomène.

Ces chiffres sont corroborés par ceux de la Commission indépendante sur l'inceste et les violences sexuelles faites aux enfants (CIIVISE) qui, entre le 21 septembre 2021 et le 24 janvier 2022, a reçu 11 400 témoignages. Ces derniers révèlent en outre que 7 victimes d'inceste sur 10 ont subi ces violences de manière répétée, et que l'agresseur est le père dans 1 cas d'inceste sur 3.

On remarque que les recherches sur l'inceste sont récentes. La sociologue Sylvie Cromer, interrogée par le CNRS en 2017, remarque qu'il a fallu attendre le début des années 2000 en France pour avoir un échantillon représentatif pour mesurer l'inceste [4].

---

1. KIESER EL BAZ, Illel, *Inceste et pédocriminalité : crimes contre l'humanité*, *op. cit.*, p.279.

2. HADJ, Hassiba, « Un chiffre choc : une personne sur dix affirme avoir été victime d'inceste en France », Madmoizelle, 5 janvier 2021. Disponible sur : https://www.madmoizelle.com/inceste-sondage-france-1067532.

3. FROUARD, Hélène. « Inceste, la levée d'un tabou ? », *Sciences Humaines*, vol. 338, n°7, 2021, pp. 13-13.

4. https://lejournal.cnrs.fr/articles/ce-que-lon-sait-de-linceste-en-france.

Si cette réticence à mesurer l'inceste de la façon la plus exhaustive possible s'explique notamment par l'impossibilité pour la victime de témoigner, il ne faut pas oublier le joug du silence sous lequel nous vivons tous. Un silence que tout un chacun semble s'imposer. Dans le cadre des appels à témoignages de la CIIVISE, des personnes ont affirmé avoir parlé à des proches de ce qu'elles avaient subi souvent vainement : « *4 victimes [d'inceste] sur 10 indiquent que le confident n'a rien fait* » [1].

A cet égard, le psychologue Eric Ghozlan écrit que l'inceste est scandaleux dans son sens étymologique, en tant qu'il bouleverse à la fois l'ordre familial que social. De sorte qu'en parler, le dénoncer, impliquerait de remettre en cause toute la structure de la Société. Les révélations faites avant celles de Camille Kouchner donnaient alors lieu à un déni collectif, afin d'éviter l'onde de choc de la remise en question. [2] C'est pourquoi lorsque « tout le monde sait », personne ne dit rien.

Le Docteur Gérard Lopez considérait d'ailleurs que la France est particulièrement sujette au déni de l'inceste qu'elle ne le traite pas comme un problème de santé publique, comme l'OMS le recommande pourtant [3].

§2. Le fléau de l'inceste lié au patriarcat

Les conclusions intermédiaires de la CIIVISE, rendues le 31 mars 2022, indiquaient : « *Dans les cas d'inceste, lorsque la victime est une fille, l'agresseur est le plus souvent le père, le grand frère/demi-frère, l'oncle, le grand-père, le cousin, le beau-père. Lorsque la victime est un garçon, l'agresseur est le plus souvent*

---

1. https://www.ciivise.fr/wp-content/uploads/2022/03/CCl-inter_2803_compressed.pdf.

2. GHOZLAN, Éric. « L'inceste, du scandale médiatique à la prise en charge psycho-légale », *Perspectives Psy*, vol. 61, n°2, 2022, pp. 113-116.

3. LOPEZ, Gérard. « Réflexion sur la prévention et la prise en charge des 6,7 millions de survivants de l'inceste », *Perspectives Psy*, vol. 61, n°2, 2022, pp. 117-120.

le grand frère/demi-frère, le père, le cousin, l'oncle, le grand-père. » [1].

Par ailleurs, l'antenne de l'Hérault de l'association Face à l'inceste a rédigé un document pédagogique à l'attention tant des enfants que des adultes concernant l'inceste, afin de déconstruire des idées reçues et mieux informer sur le phénomène. On y apprend, concernant le profil des auteurs d'inceste, que moins de 5% sont des femmes [2].

Dans *L'interprétation des rêves*, Freud écrit : « *Les pères s'accrochent d'une manière maladive à ce qui reste de l'antique* potestas patris familias *dans notre société actuelle* » [3].

Cette *potestas patris familias* est le pouvoir dont disposait un père sur l'ensemble de sa famille dans la Rome Antique. Elle est la manifestation du patriarcat, de cette autorité considérée comme naturelle dont les hommes disposaient sur les femmes et les enfants. Il a fallu attendre 1889 pour que les « pères indignes » soient punis d'une déchéance de paternité. Jusqu'alors, les violences que les pères pouvaient exercer sur leurs enfants faisaient simplement partie de l'éducation. Quant au crime de parricide, il a fallu attendre le nouveau Code pénal de 1994 pour qu'il soit un crime de droit commun avec la circonstance aggravante du lien familial, et non plus un crime exceptionnel [4]. Il appert qu'il était plus transgressif qu'un enfant tue son père plutôt qu'un père abuse de son enfant.

Pour Freud, la figure du père dominateur qui impose l'interdit de l'inceste (au risque de se faire tuer pour que son fils épouse sa femme) vient notamment du mythe du père-primitif qui rassemble sa horde autour de lui. Cette image s'est installée de façon

---

1. https://www.ciivise.fr/wp-content/uploads/2022/03/CCl-inter_2803_compressed.pdf.

2. https://facealinceste.fr/upload/media/documents/0001/05/c-est-quoi-l-inceste-642d311da8647.pdf.

3. FREUD, Sigmund, *L'interprétation des rêves*, PUF, 1980, p. 224 *in* Croix, Laurence. « Le patriarcat, la filiation charnelle et les pères », *Cahiers de psychologie clinique*, vol. 37, n°2, 2011, pp. 103-122.

4. CROIX, Laurence. « Le patriarcat, la filiation charnelle et les pères », *Cahiers de psychologie clinique*, vol. 37, n°2, 2011, pp. 103-122.

substantielle dans notre psyché. Le thérapeute Juliet Drouar ajoute à cet égard que la Société s'est bâtie sur un système pyramidal et hiérarchique. Il s'agit d'un construit, d'un acquis et non pas d'un inné, de sorte qu'il peut être remis en cause et détruit. « *Encore faut-il le vouloir. Tenter de comprendre l'inceste comme une résultante nécessaire de ces dominations, c'est s'armer de volonté* », ajoute-t-il [1].

De surcroît, Freud a établi une « *symptomatologie de l'abuseur* » de laquelle trois éléments ressortent [2]. D'abord, Freud note que, dans l'enfance, petits garçons et petites filles découvrent que les uns possèdent un pénis et pas les autres. Cette découverte entrainerait une crainte de la castration chez les garçons. Le deuxième élément est le déni de cette menace de castration. Nier cette peur lui permet de la combattre. Enfin, il trouve un compromis : un « clivage du Moi » qui lui permet à la fois de cacher sa peur et de l'exprimer sous la forme de désir.

Dans la mesure où les femmes n'ont pas à trouver ou perdre leur identité sexuelle, elles n'ont pas besoin de réprimer des pulsions ou des désirs. De plus, certains hommes, les pervers, ne désavouent pas ces pulsions qu'ils laissent s'exprimer, afin de réprimer cette peur de la castration. C'est pourquoi, selon Freud, les hommes sont plus à même que les femmes de commettre des actes violents. Dès le plus jeune âge, les petits garçons doivent réprimer leur peur de la castration et trouver un juste équilibre entre expression incontrôlée du désir et renfermement total sur soi.

Si on suit ce schéma, l'inceste serait le résultat d'une incapacité pour un homme de trouver son équilibre et de réprimer ses

1. Collectif, *La Culture de l'inceste*, ss dir. Iris Brey et Juliet Drouar, Seuil, 2022.

2. *In.* HAESEVOETS, Yves-Hiram. « 7 Caractéristiques psychodynamiques du parent abuseur », *L'enfant victime d'inceste. De la séduction traumatique à la violence sexuelle*, *op. cit.*, pp. 127-163.

pulsions. Il s'attaque à un enfant en raison de sa fragilité. Il s'attaque à son enfant en raison de la promiscuité qui facilite le passage à l'acte.

Le patriarche, dans un système pyramidal au sommet duquel il se place, ne voit tout que par son propre prisme, ses besoins et son plaisir. Ainsi, un auteur d'inceste interrogé par Dorothée Dussy affirme : « *j'éprouvais un plaisir à la caresser. En plus, à l'époque, j'avais 60 ans, et c'est le sentiment de mon propre vieillissement qui a joué, c'est sans doute quelque chose de tactile, d'épidermique, qui a joué, je pense.* » [1].

Commettre un acte d'inceste revient à se soumettre à une « *pulsion mortifère* », écrit Yves-Hiram Haesevoets [2]. Or, dans une société patriarcale, il appert bien plus difficile pour les hommes de se restreindre. En effet, si les hommes ont été habitués pendant des générations à faire ce que bon leur semblait sur les corps des femmes et des enfants qui vivaient sous leur toit, alors réprimer leurs pulsions, même les plus dangereuses, apparait plus difficile.

A cet égard, Yves-Hiram Haesevoets indique : « *L'auteur d'un abus sexuel intrafamilial est à la fois le producteur, le réalisateur, le metteur en scène et l'acteur principal du scénario abusif.* »[3]. En d'autres termes, il est le maître absolu. Commettre un inceste revient donc, d'une certaine manière, à faire usage de son pouvoir sur ses sujets.

Pourtant, il convient de rappeler que, non seulement il existe des incestes commis par des femmes, mais en plus que le mythe fondateur de l'interdit de l'inceste implique une mère : Jocaste !

Le psychologue Jean-Luc Viaux écrit que l'inceste commis par une mère sur sa fille correspond à une sorte de vengeance de

---

1. DUSSY, Dorothée, *Le Berceau des dominations*, *op. cit.* Ajoutons que la petite fille en question s'est suicidée à l'âge de 21 ans, quelques jours avant le procès et que, selon Dorothée Dussy, l'auteur de l'inceste n'éprouve qu'un sentiment d'injustice à cause de l'influence de cet acte sur sa condamnation.

2. HAESEVOETS, Yves-Hiram. « 7 Caractéristiques psychodynamiques du parent abuseur », *op. cit.*

3. *Ibid.*

la part de la mère à l'égard de sa fille qui intéresse davantage son mari. Il ajoute : « *elle se fait l'organisatrice de la scène initiatique où elle est la première à abuser de l'adolescente avant de la « passer » en quelque sorte à son concubin.* »[1]. La mère devient ainsi chef de la famille et domine ses membres. Puisqu'elle ne satisfait plus son mari, elle choisit et contrôle avec qui et comment il a des relations sexuelles. Le patriarcat est donc toujours là, en creux : la mère maîtrise la sexualité de ses enfants et de son mari, prenant d'une certaine manière sa revanche sur sa solitude et son incapacité à « tenir son mari ».

Notons également que les recherches sur l'inceste féminin sont peu nombreuses à cause du regard biaisé que nous portons en majorité sur l'inceste. La relation incestueuse paradigmatique, en effet, est la relation père-fille. Sylvie Cromer, chercheur au CNRS, indique que l'idéal-type de la mère douce et aimante alimente ce préjugé selon lequel seuls les hommes peuvent être violents[2], lors même qu'elles peuvent aussi avoir des comportements de prédateurs. Cette vision biaisée ne favorise pas les recherches sur l'inceste au féminin.

§3. Le désir d'irresponsabilité collective face au silence de l'inceste

Cette irresponsabilité souhaitée, qui mène au silence de l'inceste, concerne à la fois la famille de la victime et de l'auteur de l'inceste (A) et la Société tout entière (B).

A. Le désir d'irresponsabilité de la famille

A la suite de la révélation de l'inceste commis par Œdipe, sa famille est déchirée : ses deux fils s'entretuent, l'une de ses filles

---

1. VIAUX, Jean-Luc. « 5. L'inceste des mères », *Les incestes. Clinique d'un crime contre l'humanisation*, sous la direction de Viaux Jean-Luc. Érès, 2022, pp. 101-125.

2. https://lejournal.cnrs.fr/articles/ce-que-lon-sait-de-linceste-en-france.

est condamnée à mort pour avoir donné une sépulture à l'un de ses frères, et sa dernière fille est tuée par un militaire.

Mieux aurait-il fallu, semble-t-il, que l'inceste ne soit jamais révélé. Mieux aurait-il fallu qu'il demeure, au mieux, une affaire de famille.

Jean-Luc Viaux relève que nombre de victimes attendent le tout dernier moment pour porter plainte contre l'auteur de l'inceste, juste avant la fin du délai de prescription. S'il arrive que l'oubli engendré par le stress post-traumatique soit une cause de cette action en justice tardive, il ne s'agit pas de mettre de côté l'omerta familiale. Celle-ci, selon Jean-Luc Viaux, « *relève d'enjeux psychiques complexes* » qui amène d'ailleurs certaines victimes à attendre délibérément la fin de la prescription pour parler. [1]

Dans *Rien ne s'oppose à la nuit*, la romancière Delphine de Vigan émet l'hypothèse que sa mère a été victime d'inceste. L'auteur serait Georges Poirier, le grand-père de la romancière mais celle-ci ne pourra jamais en être certaine, cette théorie de l'inceste n'ayant été formulée qu'après la mort de sa mère. D'ailleurs pour écrire *Rien ne s'oppose à la nuit*, Delphine de Vigan a interrogé de nombreux membres de sa famille, afin de mieux comprendre qui était sa mère et dans quel environnement elle avait vécu. Les oppositions ont été nombreuses et dans son ouvrage suivant, *D'après une histoire vraie*, elle fait part de la colère de certains à l'égard de ce qu'elle a écrit.

De la même manière, Camille Kouchner a attendu la mort de sa mère pour révéler l'inceste dont son frère a été victime. Celui-ci ne voulait pas que les faits soient révélés plus tôt, refusant de blesser leur mère. Jean-Luc Viaux, à cet égard, affirme que la révélation de l'inceste constitue une « *bombe à fragmentation dans la famille et au-delà dans l'entourage* » [2]. Aussi étrange que cela puisse paraitre, il y a toujours deux camps qui se forment : l'un protège la victime, l'autre protège l'auteur de l'inceste sous

---

1 *Ibid.*

2. *Ibid.*

couvert de préserver l'honneur de la famille et l'équilibre familial. La victime est alors ostracisée, considérée comme coupable de jeter l'opprobre sur la famille.

L'environnement familial joue ainsi un rôle essentiel dans le silence de l'inceste. La famille compte sur la loyauté que ressent un enfant à l'égard de ses parents pour contenir la parole et éviter les fractures familiales. D'ailleurs, pour le docteur en psychologie Samuel Lemitre, le silence fait partie d'une culture familiale. De sorte que la famille demeure sourde aux mots de l'enfant qui révèle ce dont il a été victime et à sa souffrance [1]. C'est pourquoi Dorothée Dussy considère qu'il faut éduquer les familles à accueillir la parole des victimes d'inceste, leur « désapprendre » leur silence [2]. Ce travail de désapprentissage peut se faire dans le cadre d'une thérapie, en tout cas il s'agit de prendre en considération la souffrance de l'enfant victime d'inceste.

Désapprendre le silence, c'est accepter d'avoir de l'empathie pour la victime. C'est aussi prendre ses responsabilités en tant que parents, oncles, tantes, frères, sœurs, cousins, membres de l'entourage de la victime et considérer que si une personne doit avoir honte, ce n'est pas la victime mais l'auteur de l'inceste. Il s'agit d'un travail de longue haleine, puisque l'inceste est considéré comme une banale affaire de famille qui doit, à ce titre, être gérée en interne et ne pas être dénoncée. De plus, ce travail de désapprentissage est d'autant plus difficile qu'il invite à changer de regard sur la victime.

En tout état de cause, tant que les familles nieront l'existence de l'inceste en leur sein afin de préserver leur honneur et demeurer irresponsables, le silence de l'inceste continuera d'être la règle et l'inceste ne cessera pas.

---

1. LEMITRE, Samuel. « Clinique de l'inceste Le silence des mots est un aveu des plus graves », *Enfances & Psy*, vol. 96, n°2, 2023, pp. 99-110.

2. DUSSY, Dorothée. « L'institution familiale et l'inceste : théorie et pratique », *Mouvements*, vol. 82, n°2, 2015, pp. 76-80.

B. Le désir d'irresponsabilité du reste de la société

Selon Illel Kieser el Baz la culture européenne a des difficultés à définir le « Mal » [1]. Or, lui donner une définition permet de savoir qui le commet et de leur appliquer des sanctions adéquates. Illel Kieser el Baz prend l'exemple, saisissant, des crimes commis par les Nazis, affirmant que, non seulement il « *fut facile de glorifier ''le Mal nécessaire''* », mais en plus les discours des hommes politiques de l'époque s'appliquaient à ne pas intervenir afin d'éviter un mal encore plus grand. Il s'agit d'un argument servant évidemment à protéger des prédateurs.

En effet, garder le silence, ne pas intervenir dans une situation d'inceste permet d'éviter un mal encore plus grand : éviter l'éclatement de la famille. « *Tu sais bien que si tu parles, ta mère se suicidera !* », peut dire l'incesteur ou un tiers auquel l'incesté s'est ouvert. Il paraitrait logique que connaitre l'inceste amène à sa dénonciation. Il n'en est rien : le tiers qui a connaissance de cette situation ne veut pas être responsable de l'éclatement de la famille de l'incesté et préfère, à ce titre, garder le silence.

Il convient de remarquer que ce silence existe dans tous les milieux. Illel Kieser el Baz prend le soin de rappeler que l'auteur d'inceste est « *l'individu commun* » [2], d'où la difficulté de dénoncer ce qu'il commet et, surtout, d'admettre qu'il commet un acte abominable. De plus, il appert qu'une génération entière a grandi dans un climat particulièrement propice au silence de l'inceste et des agressions sexuelles (sur mineurs). Camille Kouchner en témoigne dans son ouvrage *La Familia Grande*, dépeignant une famille soixante-huitarde qui vivait (à moitié) nue, au bord de la piscine, où les enfants embrassaient les adultes sur la bouche. La liberté était prônée, peu importait alors les décalages entre les générations. Quand le frère de Camille Kouchner subit un inceste de la part de son beau-père, c'est comme une suite logique de cette liberté. Pourtant, il sait rapidement que quelque chose ne va

---

1. KIESER EL BAZ, Illel, *Inceste et pédocriminalité : crimes contre l'humanité*, *op. cit.*, p.39.

2. KIESER EL BAZ, Illel, *Inceste et pédocriminalité : crimes contre l'humanité*, *op. cit.*, p.60.

pas, dans cette relation. Il en est tellement conscient qu'il demande à sa sœur de garder le silence.

Entre les années 1960 et 1990, Gabriel Matzneff a fait l'apologie de la pédophilie, sans que sa carrière n'en ait pâti. Il a fallu attendre la publication de l'ouvrage de Vanessa Springora, *Le Consentement*, pour que la sexualité et les propos du célèbre écrivain soient enfin remis en question.

« *Il est interdit d'interdire* ». « *Jouir sans entraves* ». Tels étaient les slogans de nombreux intellectuels, pendant et après « Mai 68 ». Anne-Claude Ambroise-Rendu explique qu'il y avait un désir, à l'époque, de remettre en cause les rapports sociaux entre les individus, y compris entre les générations [1].

En 1990, dans l'émission *Apostrophes* diffusée sur Antenne 2, Gabriel Matzneff est présenté comme un « *véritable éducateur sexuel* » qui « *paye de sa personne* »[2]. Il affirme que les filles plutôt jeunes sont plus « *gentilles, même si elles deviennent très très vite hystériques et folles* »[3]. Face à lui, l'écrivaine québécoise Denise Bombardier fustige, clamant être « *sur une autre planète* »[4]. Lorsqu'elle tente de faire réaliser à son contradicteur qu'il n'est pas possible de faire une telle apologie de la pédophilie, Denise Bombardier est tournée en ridicule par tous les médias de l'époque. Une inertie générale irrigue les mentalités.

Il faut attendre « l'affaire Marc Dutroux », au début des années 2000, pour qu'un changement de mentalités commence à opérer. En 2017, le mouvement #MeToo montre toutefois que ce changement est loin d'être terminé. En effet, il a non seulement

---

1. https://www.francetvinfo.fr/culture/livres/affaire-gabriel-matzneff/affaire-matzneff-quand-des-intellectuels-defendaient-la-pedophilie-au-nom-de-la-liberte-absolue_3768307.html.

2. « Apostrophes », Antenne 2, 2 mars 1990, disponible sur : https://youtu.be/TjZmJkLdwN8.

3. *Ibid.*

4. *Ibid.*

montré que le harcèlement sexuel était monnaie courante et considéré, par beaucoup d'hommes, comme une manière de draguer mais en plus il s'est multiplié et un mouvement #MeTooInceste a vu le jour après la publication de *La Familia Grande*. Isabelle Aubry, présidente de l'association Face à l'Inceste, note que cet ouvrage et ce sous-genre du mouvement #MeToo, ont incité les médias à frontalement parler d'inceste, pointant du doigt ceux qui savaient mais n'ont rien dit.

3

Le silence de l'inceste en droit

Si l'interdit de l'inceste se justifie socialement, il trouve aussi une origine juridique (Section 1). En pratique, toutefois, il semble que les acteurs de la Justice ne soient pas exempts de tout reproche concernant l'impunité de l'inceste et du silence qui l'entoure (Section 2).

Section 1. L'origine juridique de l'interdit de l'inceste

Si l'inceste est théoriquement interdit (§1), demeurent impunis tant l'inceste lui-même (§2) que sa non-dénonciation (§3).

§1. L'interdit théorique de l'inceste

L'interdit de l'inceste trouve d'abord son origine dans le pouvoir religieux (A) puis dans le pouvoir séculier (B).

A. Le rôle de l'Église dans l'interdit de l'inceste

« *Nul ne s'approchera de tout ce qui est la chair de son proche parent pour découvrir sa nudité* » [1], indique le Lévitique, le troisième livre de la Torah (ou du Pentateuque pour les chrétiens). Pour l'Église, il s'agira du texte fondateur de l'interdit de l'inceste.

Ainsi, à l'époque mérovingienne, quatorze conciles ont interdit les mariages qualifiés d'incestueux. Il s'agit des unions entre ascendants et descendants, entre collatéraux, mais aussi avec les belles-sœurs. En 517, le Concile d'Epaone interdit aussi, pour l'avenir, les mariages avec la belle-mère, la belle-fille et la tante par alliance. Cette interdiction est doublement sanctionnée : du côté de la loi religieuse, l'excommunication pèse sur les époux incestueux, et du côté de la loi civile les époux incestueux voient leurs biens confisqués et ont l'interdiction d'exercer une fonction publique [2].

Au IXème siècle, les interdictions religieuses à mariage iront jusqu'au treizième degré. Toutefois, cette interdiction ne sera pas rigoureusement appliquée, en raison d'une impossibilité matérielle de compter les degrés de parenté. De plus, en dépit de l'interdiction tant religieuse que séculière de l'inceste, les mariages incestueux ne cessent pas. Le Concile de Douzy, en 874, va même déplorer les unions incestueuses au sein de l'aristocratie [3].

Les tentatives d'interdire l'inceste au début du Moyen-Âge étaient donc un peu faibles. L'Église essaiera de renforcer cette

---

1. Lévitique 18, 6-16 ; 20, 17.

2. VERDON, Jean. « 5. Mariage et sexualité », *Être chrétien au Moyen Âge*. sous la direction de Verdon Jean. Perrin, 2018, pp. 149-194.

3. *Ibid.*

interdiction avec le *Decretum* de Gratien du milieu du XIIème siècle qui réaffirme la prohibition des mariages incestueux [1].

Sous l'Ancien Régime, l'inceste, à l'instar du rapt, de l'adultère, de l'infanticide et du parricide, constitue un « *crime capital et public* » qui ne relève que de la justice du roi. [2] Il n'empêche toutefois que ce crime continue de revêtir une aura toute religieuse, au regard de son fondement.

A la veille de la Révolution française, les Lumières rejettent l'Église et tout ce qu'elle défend. *Exit* les écrits de Thomas d'Aquin selon lesquels l'inceste est un type de luxure particulier [3], ou ceux de Saint Augustin affirmant que la religion interdit les relations incestueuses[4]. La société de l'époque veut se libérer du carcan de la religion, une libéralisation de la sexualité dans l'espace privé et une décriminalisation de l'inceste.

La sensualité imprègne l'art du XVIIIème siècle, comme en témoignent les romans libertins, les gravures et les tableaux érotiques qui circulent massivement chez les aristocrates, encore insouciants, des années 1780. L'architecture et l'art décoratif sont également des prétextes à l'éveil des sens, à la volupté, à la chaleur. « *La présence de coulisses permet le voyeurisme* », relève Anne Vincent-Buffault dans son article « Érotisme et pornogra-

---

1. BARRY, Laurent. « Comptes rendus. Fabienne Giuliani. Les liaisons interdites. Histoire de l'inceste au XIXe siècle. Paris, Publications de la Sorbonne, 2014, 477 p. », *Annales. Histoire, Sciences Sociales*, vol. 74, n°1, 2019, pp. 252-255.

2. DOYON, Julie. « I. Les crimes familiaux existent-ils ? Familles et droit pénal (France, XVIIIe-XIXe siècle) », Lydie Bodiou, *Les violences en famille. Histoire et actualités*. Hermann, 2020, pp. 31-50.

3. D'AQUIN, Thomas, *Somme Théologique*, Second volume de la deuxième partie, Question 154, « Les parties de la luxure », art. 9, « L'inceste », t. 3, Paris, Éditions du Cerf, 1985, p. 879-880.

4. Saint Augustin, *La Cité de Dieu*, œuvres, II, Paris, Gallimard (Bibliothèque de la Pléiade), 2000, Livre XV, 16, p. 623.

phie au XVIIIème siècle : les dispositifs imaginaires du regard » [1]. Toutefois, on ne parle pas de ses penchants, dans la société du XVIIIème siècle. Le libertin demeure discret [2]. Dans le contexte de cette sexualité de plus en plus débridée, l'inceste est banalisé dans l'art, bien qu'il continue d'être réprimé par la loi. Le Marquis de Sade en fait d'ailleurs l'apologie dans *La philosophie dans le boudoir* : « *Pourrait-on regarder comme tels les plus douces unions de la nature ? Celles qu'elle nous prescrit ; et nous conseille le mieux ? Raisonnez un moment, Eugénie, comment l'espèce humaine, après les grands malheurs qu'éprouva notre globe, put-elle autrement se reproduire que par l'inceste ?* » [3].

Pour les artistes et les intellectuels de cette fin de XVIIIème siècle, l'inceste n'est plus une ignominie, il est au contraire un moyen d'atteindre le bonheur [4]. Or, puisque la liberté constitue un moyen d'atteindre ce bonheur, il ne faut l'entraver en aucune manière et l'interdit de l'inceste constituerait une bride insupportable.

Il existait donc une incohérence entre ce que prévoyait la loi, qui réprimait les unions incestueuses, et le désir de liberté qui les glorifiait.

L'on peut néanmoins considérer qu'il s'agissait d'une glorification empreinte de gêne. Si les idées libérales des Lumières ont nourri le Code pénal de 1791 qui ne réprimait pas l'inceste, la loi du 20 septembre 1792 interdit tout de même les mariages entre

---

1. VINCENT-BUFFAULT, Anne. « Érotisme et pornographie au XVIIIe siècle : les dispositifs imaginaires du regard », *Connexions*, vol. 87, n°1, 2007, pp. 97-104.

2. *Ibid.*

3. DE SADE, Donation, Alphonse François, *La Philosophie dans le boudoir ou les instituteurs immoraux*, Paris, Gallimard/Flammarion, 2007 [1795], p. 159.

4. GIULIANI, Fabienne. « Le Crime sans nom. Dire l'inceste dans la société française du xixe siècle (1791-1898) », *Sociétés & Représentations*, vol. 42, n°2, 2016, pp. 31-44.

frères et sœurs [1]. La portée symbolique de cette interdiction est plus faible que s'il s'était agi d'une incrimination, mais cet interdit à mariage montre que l'inceste était considéré comme étant contre nature.

La liberté est donc limitée. D'ailleurs, les articles 4 et 5 de la Déclaration des Droits de l'Homme et du Citoyen de 1789 prévoient respectivement que la liberté peut s'exercer dans les limites établies par la loi et que cette loi ne peut qu'empêcher ce qui nuit à la société. Si les unions incestueuses sont interdites par les révolutionnaires c'est parce qu'elles sont considérées comme nuisibles à la Société.

B. Les tentatives du pouvoir séculier d'interdire l'inceste

Au XIXème siècle, des voix se sont cependant élevées contre l'inceste, celle d'Émile Durkheim en tête, accompagnée de médecins. Allant à contre-courant des écrits du Marquis de Sade quelques années auparavant, le docteur Prosper Menière écrit : « *Le mariage entre parents est une cause de détérioration de l'espèce* » [2]. Cette affirmation, cependant, connait de nombreuses oppositions, à tel point que le corps médical s'en trouve divisé. Si le courant qui s'oppose à des unions consanguines n'est pas parvenu à faire entrer l'interdit de l'inceste dans le Code pénal de 1810, il a toutefois réussi à créer un imaginaire monstrueux autour de ce comportement : pieds-bots et becs de lièvre seraient dus à l'inceste, selon ces médecins qui participent à l'instauration de l'idée de dégoût de l'inceste [3].

En 1876, le procureur de Versailles va mettre en exergue, dans ses brouillons un paradoxe éloquent concernant l'inceste :

---

1. *Ibid.*

2. MENIERE, Prosper, *Du mariage entre parents considérés comme cause de la surdi-murdité congénitale, lu à l'Académie de médecine,* séance du 29 avril 1856, *in* Giuliani, Fabienne. « Histoire de l'inceste et de ses représentations en France (fin XVIIIe- fin XXe siècle) », *op. cit.*

3. GIULIANI, Fabienne. « Le Crime sans nom. Dire l'inceste dans la société française du xixe siècle (1791-1898) », *Sociétés & Représentations*, vol. 42, n°2, 2016, pp. 31-44.

il s'agit à la fois d'un « *crime impossible* » et d'un « *crime fréquent* » [1]. Cependant, le mot « inceste » n'apparait pas dans les actes d'accusation, demeurant caché derrière des périphrases et métonymies. Réprimer un acte qui n'a pas de nom, en droit, c'est bien difficile. Il tente néanmoins, au nom de la protection de l'enfance, de poursuivre les auteurs de ce crime sans nom.

La difficulté de réprimer l'inceste se ressent également au XXème siècle, en raison de l'absence de nom à donner à l'infraction. Anne-Claude Ambroise-Rendu souligne qu'à la fin du XXème siècle, les juges font preuve d'une grande indulgence à l'égard de l'inceste, privilégiant la qualification de mauvais traitements sur mineurs à celle de viols (incestueux) [2].

D'ailleurs, le viol n'a fait son entrée dans le Code pénal qu'en 1980. Auparavant, l'on parlait d'infraction contre les mœurs, mais le mot « viol » reflétait davantage une infraction contre le consentement de la personne, et non plus la transgression d'une morale sociale, comme le souligne la criminologue Jessica Filippi [3]. Il s'agit d'une fondation importante de la construction d'un droit pénal davantage tourné vers les victimes.

Il faut attendre le début du XXIème siècle pour que le législateur s'empare de cette problématique. Le 4 novembre 2004, le député Christian Estrosi a déposé une proposition de loi visant à ériger l'inceste en infraction spécifique. Un rapport visant à réfléchir sur l'étendue et la pertinence de cette proposition a été commandé par le Premier ministre. Le 1er juillet 2005, le rapport « Faut-il ériger l'inceste en infraction spécifique ? » (Rapport Estrosi) a rendu ses conclusions : au lieu d'être un crime particulier, l'inceste devrait plutôt être intégré dans le Code pénal sous la

1. *Ibid.*

2. AMBROISE-RENDU, Anne-Claude. « L'inceste doit-il être interdit par le droit ? Deux siècles d'incertitude (1810-2010) », *Esprit*, vol. n°5, 2012, pp. 17-32.

3. FILIPPI, Jessica. « Le paradoxe de la protection des enfants victimes d'infractions sexuelles. Que dit le droit ? », *Les Cahiers Dynamiques*, vol. 77, n°4, 2019, pp. 20-34.

forme d'une qualification supplémentaire [1]. Cependant, comme le souligne Delors Germain, ce rapport n'a connu de suite favorable que cinq ans plus tard [2].

Ce n'est en effet qu'en 2010 que l'inceste a trouvé sa place dans le Code pénal, avec la loi du 8 février 2010 *tendant à inscrire l'inceste commis sur les mineurs dans le Code pénal et à améliorer la détection et la prise en charge des victimes d'actes incestueux*. L'article 222-31-1 du Code pénal indiquait alors : « *Les viols et les agressions sexuelles sont qualifiés d'incestueux lorsqu'ils sont commis au sein de la famille sur la personne d'un mineur par un ascendant, un frère, une sœur ou par toute autre personne, y compris s'il s'agit d'un concubin d'un membre de la famille, ayant sur la victime une autorité de droit ou de fait.* »

Non seulement cette loi introduisait l'inceste, mais elle lui donnait également une définition juridique. Si ce fut considéré comme une avancée pour certains, d'autres considéraient qu'il s'agissait d'un ajout superflu, le droit pénal contenant déjà tous les dispositifs nécessaires à la répression de l'inceste.

Nommer le crime lui donne une réalité, lui donne un aspect purement criminel et non plus simplement symbolique. Cela montre surtout la volonté des pouvoirs publics de lutter contre ces actes. Cette avancée a toutefois été stoppée par le Conseil constitutionnel qui, dans le cadre d'une question prioritaire de constitutionnalité, a censuré la loi en application du principe de légalité des délits et des peines. Le Conseil a en effet souligné que la notion civile de famille renvoyait à des réalités variables et était, dès lors, trop imprécise au regard de la rigueur exigée en droit pénal [3].

---

1. Rapport Estrosi, « Faut-il ériger l'inceste en infraction spécifique ? », 1er juillet 2005, disponible sur : https://medias.vie-publique.fr/data_storage_s3/rapport/pdf/054000481.pdf.

2. GERMAIN, Delors. « L'inceste en droit pénal : de l'ombre à la lumière », *Revue de science criminelle et de droit pénal comparé,* vol. 3, n°3, 2010, pp. 599-611.

3. Cons. Const., QPC n°2011-163, 16 septembre 2011.

Le 14 mars 2016, prenant acte de la décision du Conseil constitutionnel, la loi a à nouveau introduit l'inceste dans le Code pénal, précisant ses contours. L'article 222-31-1 du Code pénal prévoyait : « *Les viols et les agressions sexuelles sont qualifiés d'incestueux lorsqu'ils sont commis sur la personne d'un mineur par :*

1° Un ascendant ;

2° Un frère, une sœur, un oncle, une tante, un neveu ou une nièce ;

3° Le conjoint, le concubin d'une des personnes mentionnées aux 1° et 2° ou le partenaire lié par un pacte civil de solidarité avec l'une des personnes mentionnées aux mêmes 1° et 2°, s'il a sur le mineur une autorité de droit ou de fait. »

Enfin, la loi du 21 avril 2021 a élargi l'inceste aux collatéraux, à savoir les oncles, tantes, neveux et nièces. Les cousins ne sont toujours pas concernés.

Bien qu'elles aient mis du temps à advenir et aient fait des allers et retours malheureux, les initiatives du législateur pour officiellement réprimer l'inceste sont les bienvenues. Réprimer un mal nécessite de le nommer. Par ailleurs, il existe un adage de droit pénal bien connu, « pas de crime, pas de peine, pas de juridiction sans loi ». Il est repris par l'article 7 de la Déclaration des droits de l'Homme et du Citoyen de 1789 sous les termes : « *Nul homme ne peut être accusé, arrêté ou détenu que dans les cas déterminés par la loi et selon les formes qu'elle a prescrites* ». En vertu de ce principe, si la loi pénale ne prévoit pas une infraction, elle n'existe pas. Aussi, en n'incriminant pas expressément l'inceste, la loi pénale ne considère pas qu'il s'agisse d'une infraction, ce qui est intolérable.

§2. L'interdit juridique de l'inceste réduit à « peau de chagrin »

Bien que constituant un tabou absolu, l'inceste n'est pas totalement interdit par le droit civil (A), créant une incohérence juridique avec le droit pénal qui apparait insuffisant (B).

A. L'impuissance du droit civil face à l'inceste

Dans la mythologie grecque, Zeus s'est marié avec sa sœur Héra, le sphinx est issu d'un inceste entre Typhon et Echidna qui sont frères et sœurs, Charybde est le fruit d'un inceste entre Poséidon et sa grand-mère Gaïa. Les exemples ne manquent pas ! Les Grecs ont donné aux dieux des privilèges refusés aux humains. A cet égard, Yves-Hiram Haesevoets indique que la violence est l'apanage des dieux qui ne peuvent être rendus coupables de quelque action que ce soit. Les dieux sont, quoi qu'il arrive, exclus du scandale [1]. C'est pourquoi Héra punit Écho qui tente de lui cacher les liaisons de Zeus, ou encore Athéna punit Méduse qui a été violée dans son temple par Poséidon.

Chez les hommes, il en va bien différemment, puisque le châtiment pour celui qui commet un inceste est la mort, *a minima* la fuite. Œdipe ou Myrrha en sont les premiers exemples. Ainsi, le rhéteur grec Dion Chrysostome, dans son *Discours X*, indique que l'inceste n'est pas contre nature, mais contre-culture [2]. De sorte que commettre un inceste est une insulte à l'humanité.

Il eût sans doute été bon que le législateur et les juges civils contemporains se souviennent de ce principe posé au Ier siècle de notre ère.

En 1938, l'interdit à mariage entre un beau-père et sa bru ou entre une belle-mère et son gendre a été écarté. Demeurait toutefois une limite : la personne qui avait créé l'alliance devait être décédée.

De plus, la réforme du divorce menée par la loi de 11 juillet 1975 a supprimé l'interdit à mariage entre demi-frères et demi-sœurs sans lien de sang.

---

1. HAESEVOETS, Yves-Hiram. « 2. Définitions et variations : de la mythologie à la clinique actuelle », *L'enfant victime d'inceste. De la séduction traumatique à la violence sexuelle*, *op. cit.* , pp. 21-38.

2. CHRYSOSTOME, Dion, *Discours X,* 29.

La biologie semble alors le dernier rempart de l'interdit de l'inceste, comme le note la juriste Laurence Brunet[1]. Pourtant, l'interdit originel de l'inceste n'était pas tant lié à la biologie et aux risques de la consanguinité qu'au besoin d'exogamie et aux dangers des brouillages générationnels. De sorte qu'en retirant les interdits à mariages entre demi-frères et demi-sœurs, le législateur banalise l'inceste.

Le droit pénal nomme et interdit depuis peu les relations incestueuses mais le droit civil se montre de plus en plus laxiste concernant les interdits à mariage. Laurence Brunet rappelle pourtant que, dans l'esprit du législateur en 1804, les interdits à mariage avaient justement pour but de lutter contre les unions incestueuses mais il appert que « *ces verrous ont mal résisté à l'évolution libérale de la société* » [2].

Les mariages célébrés grâce à ces suppressions d'interdits à mariage constituent très certainement une toute petite minorité [3]. Il n'empêche que non seulement les exceptions privent peu à peu le principe de son utilité, mais en plus ce serait oublier le contrôle de proportionnalité de la Cour Européenne des droits de l'Homme.

En effet, dans un arrêt *B. et L. c. Royaume-Uni* du 13 septembre 2005, la Cour Européenne des droits de l'Homme (Cour EDH) a, au nom de l'intérêt de l'enfant, validé la célébration d'un mariage entre un beau-père et sa bru [4]. En l'espèce, un beau-père et sa bru divorcée élevaient ensemble le fils de cette dernière. Cet enfant habitait donc avec sa mère et son grand-père qui voulaient se marier. La législation du Royaume-Uni, un peu plus stricte à l'égard de cet inceste du deuxième type que la loi française, exige que le Parlement autorise ce type de mariage. Il avait en l'espèce

1. BRUNET, Laurence. « La prohibition de l'inceste en droit civil. Un interdit en peau de chagrin », *Informations sociales*, vol. 131, n°3, 2006, pp. 70-77.

2. *Ibid.*

3. Aucun chiffre ne semble exister.

4. CEDH, *B. et L. c. Royaume-Uni*, 13 septembre 2005, n°36536/02.

refusé d'accorder cette autorisation. Le couple a alors saisi la Cour EDH sur le fondement de l'article 12 de la Convention Européenne des droits de l'Homme (CESDH) qui garantit le droit de se marier. La Cour relève que, d'une part la procédure pour demander au Parlement une levée de l'interdiction à mariage entre un beau-père et sa bru est onéreuse et d'autre part que la relation n'était pas interdite par le Code pénal, de sorte que l'interdiction de ce mariage était disproportionnée. Par conséquent, la législation du Royaume-Uni violait l'article 12.

Les arrêts de la Cour Européenne s'imposent à tous les États membres du Conseil de l'Europe, en application de l'article 46 de la Convention. C'est tout naturellement que la Cour de cassation a suivi la position de la Cour de Strasbourg lorsqu'elle a été confrontée à un cas similaire, en 2013 [1]. En l'espèce deux époux se sont séparés, l'épouse s'est remariée avec son ex-beau-père. L'ex-mari est décédé quelques années plus tard. Le fils issu du premier lit de l'épouse a demandé l'annulation du deuxième mariage qui avait été célébré vingt-deux ans plus tôt. Suivant la lettre de l'article 161 du Code civil qui interdit les mariages entre alliés, la cour d'appel d'Aix-en-Provence a annulé l'union. Toutefois, la Cour de cassation, saisie sur le fondement de l'article 12 de la CESDH et ayant relevé d'office un moyen sur le fondement de l'article 8 de la CESDH, a cassé l'arrêt d'appel.

La Cour relève d'abord que l'officier d'état civil disposait de tous les éléments lui permettant de refuser de célébrer ce mariage, ensuite elle constate que le couple avait vécu vingt-deux ans ensemble et rompre leur mariage constituerait une atteinte disproportionnée à leur droit à la vie privée.

Le doyen Carbonnier invitait à introduire du droit dans la sociologie et de la sociologie dans le droit. En constatant l'existence d'une situation, la Cour Européenne des droits de l'Homme – et à sa suite la Cour de cassation – met effectivement de la sociologie dans le droit. Cependant, l'argument tendant à dire que le mal est fait ne convainc pas et vide l'interdit de sa raison d'être.

---

1. Civ. 1re, 4 déc. 2013, n°12-26.066.

Annick Batteur, Professeur à la Faculté de Droit de Caen, écrit à propos des principes fondateurs du droit de la famille qu'il est « *naturel* » que le droit n'évoque pas expressément l'inceste, tant cet interdit est fondateur de notre société [1]. Si, selon elle, les velléités d'inscrire l'inceste dans la loi sont « *ridicules* », nous avons vu que les forces symboliques des mots et du droit se couplaient et rendaient nécessaires son inscription dans la loi. De sorte que nous avons un droit ambivalent, frôlant l'incohérence, entre un droit civil très permissif et souple, autorisant les incestes du deuxième type, pour reprendre l'expression de Françoise-Héritier, et un droit pénal qui tente de se montrer plus sévère concernant l'inceste.

Les interdits à mariage étaient censés fonder l'interdit de l'inceste. C'est si vrai que la loi de 1999 qui a instauré le Pacte civil de solidarité a copié le régime du mariage sur le sujet. De sorte que deux personnes entretenant une relation incestuelle ne peuvent vivre ensemble et former un foyer qui serait reconnu par le droit.

« *La fermeté du droit apparait à la place laissée aux exceptions* », écrit le Professeur Batteur [2]. La fermeté de l'interdit de l'inceste décline devant les largesses du législateur et du juge civil.

A l'instar des principes, les exceptions ont des raisons d'être. Dans l'arrêt de 2005 contre le Royaume-Uni, la Cour Européenne des droits de l'Homme a notamment relevé que le fils du premier lit de l'épouse appelait son grand-père « papa ». La Cour s'est appuyée sur l'article 12 pour affirmer que le Royaume-Uni violait la Convention, il convient tout de même de souligner que les frontières entre les générations étaient brouillées dans cette affaire, lors même que l'interdit de l'inceste est voué à protéger les enfants de ce genre de situation. L'intérêt de l'enfant a motivé la

1. BATTEUR, Annick, « L'interdit de l'inceste, principe fondateur du droit de la famille », *RTD civ.* 2000, p. 759 et s., spéc. p. 767.

2. *Ibid.*

Cour Européenne des droits de l'Homme, mais il appert que son sens a été bien malmené.

Quant à l'arrêt de 2013 rendu par la Cour de cassation, il convient toutefois d'en nuancer la portée. En effet, par un arrêt du 8 décembre 2016, la Cour a refusé le mariage entre un beau-père et sa belle-fille. La situation est différente de celle de l'arrêt de 2013. En l'espèce, le beau-père avait épousé la mère de la demanderesse en troisièmes noces et avait été pour celle-ci « *une référence paternelle* » puisqu'elle était mineure lorsqu'il est arrivé dans le foyer [1]. L'union entre la mère de la demanderesse et son beau-père avait duré neuf ans et s'était terminée quand elle a eu vingt-cinq ans. Ils se sont mariés quand elle en avait vingt-sept et leur mariage a duré huit ans, à la mort de l'époux. Les juges du fond ont annulé le mariage et la Cour de cassation les a suivis sur le fondement de l'article 161 du Code civil.

L'interdit de l'inceste du deuxième type s'en trouve alors préservé dans certaines circonstances. Malgré cela, on peut souligner que l'union entre le beau-père et sa belle-fille a duré huit années pendant lesquelles les autres membres de la famille ont, semble-t-il, gardé le silence.

B. L'insuffisance du droit pénal dans la répression de l'inceste

La loi du 21 avril 2021 visant à protéger les mineurs des crimes et délits sexuels et de l'inceste a réintroduit la notion d'inceste dans le Code pénal, pour le plaisir des associations de défense des victimes (1) et au grand dam des plus puristes des juristes (2).

1. La loi du 21 avril 2021

Nous avons vu que la loi du 21 avril 2021 étendait les cas d'inceste. Cette loi *visant à protéger les mineurs des crimes et*

1. Cass. 1re civ., 8 décembre 2016, n°15-27.201.

délits sexuels et de l'inceste a fait l'objet de nombreuses critiques de la part de professionnels du droit.

Avant d'étudier ces critiques, l'on peut d'abord constater que l'inceste sort des délits sexuels de droit commun. Le nom de la loi indique en effet qu'il y a une séparation entre les délits sexuels et l'inceste, mettant celui-ci à part dans la politique répressive, lui donnant une place particulière. Ce traitement spécial est-il dû au rôle de pilier que joue l'interdit de l'inceste dans une société ? Cela voudrait dire que le législateur n'a compris qu'en 2021 que l'interdit de l'inceste était trop souvent transgressé. Or ce n'est pas le cas, comme le montre sa tentative, certes infructueuse, d'introduire l'inceste dans le Code pénal dès 2010. Cette différence marquée pourrait néanmoins s'expliquer par la volonté du législateur d'indiquer qu'il a entendu les associations de victimes d'inceste qui réclamaient l'inscription de cette infraction dans le Code. L'on revient au doyen Carbonnier et à sa préconisation concernant le droit et la sociologie.

Par ailleurs, la loi de 2021 autonomise l'inceste sur mineur grâce au nouvel article 222-23-1 du Code pénal qui prévoit : « *Hors le cas prévu à l'article 222-23, constitue un viol incestueux tout acte de pénétration sexuelle, de quelque nature qu'il soit, ou tout acte bucco-génital commis par un majeur sur la personne d'un mineur ou commis sur l'auteur par le mineur, lorsque le majeur est un ascendant ou toute autre personne mentionnée à l'article 222-22-3 ayant sur le mineur une autorité de droit ou de fait.* ».

Or l'article 222-23 du Code pénal indique que, pour qu'un acte bucco-génital soit qualifié de viol, il doit être commis par la violence, la contrainte, la menace ou la surprise. L'article 222-23-2, supprimant ces adminicules communs aux infractions sexuelles, extrait l'inceste de ce groupe. A cet égard, soulignons que les agressions sexuelles suivent le même régime, puisque l'article 222-29-3 du Code pénal prévoit : « *Hors le cas prévu à l'article 222-29-1, constitue une agression sexuelle incestueuse punie de dix ans d'emprisonnement et de 150 000 € d'amende toute atteinte sexuelle autre qu'un viol commise par un majeur sur la personne d'un mineur, lorsque le majeur est un ascendant ou toute autre personne mentionnée à l'article 222-22-3 ayant sur le mineur une autorité de droit ou de fait.* ».

De sorte que tant le fond que la forme de la loi du 21 avril 2021 font de l'inceste une infraction à part. Il s'agit d'un comportement repéré, identifié mais il est indéniable que ces nouvelles exceptions rompent l'unité qui régnait dans le Code pénal en matière d'infractions sexuelles.

Le législateur se confrontait toutefois à une difficulté : la question du consentement. Sans consentement, une relation sexuelle avec pénétration devient un viol et une atteinte sexuelle devient une agression sexuelle. La contrainte, la menace, la violence et la surprise permettent la caractérisation de l'absence de consentement chez un majeur. A l'égard des mineurs, le législateur voulait se montrer plus sévère, tout en évitant de poser une présomption de non-consentement qui lui ferait risquer une inconstitutionnalité, comme le relève le Professeur Sébastien Pellé [1]. Se référer à la différence d'âge constitue alors pour le législateur un moyen de favoriser la qualification de l'infraction, rendant celle-ci presque automatique [2].

2. Les critiques à l'égard de la loi du 21 avril 2021

La première des critiques est celle de la complexité. En effet, puisqu'elle a sorti l'inceste du droit commun, le Code pénal se trouve affublé d'un régime général des infractions sexuelles et d'infractions spécifiques relatives à l'inceste auxquelles un régime particulier est appliqué. Par exemple, si deux adolescents ayant plus de cinq ans d'écart ont une relation sexuelle (consentie), il n'y aura pas d'infraction d'agression sexuelle en raison de ce qu'on appelle la « clause Roméo et Juliette ». Cette clause ne concerne pas les relations sexuelles incestueuses sur mineurs. De sorte que si un adolescent de 18 ans a des relations sexuelles avec

1. PELLE, Sébastien, « Infractions sexuelles contre les mineurs : une sortie du droit commun, pour quelle efficacité ? », *Recueil Dalloz*, D. 2021. 1391, 22 juillet 2021.

2. *Ibid.*

sa cousine de 13 ans, cette clause ne s'appliquera pas et la relation sexuelle qui pourra tomber sous le coup de l'incrimination de viol incestueux.

Selon Maître Léa Mary, le problème probatoire demeure le même qu'avant la loi : l'agression sexuelle ou le viol incestueux suppose à un moment ou à un autre de prouver l'absence de consentement de la victime. La loi nouvelle a supprimé l'exigence de prouver une contrainte, une menace, de la violence ou de la surprise pour caractériser cette absence de consentement, mais il faut pouvoir le caractériser [1].

De surcroit, pour Sébastien Pellé, le fait d'avoir fait entrer l'inceste dans le Code pénal demeure un acte symbolique, d'autant plus que la définition reste assez pauvre [2]. On aurait pu penser que nommer le phénomène allait lui donner du poids et que le législateur allait désormais tout mettre en œuvre pour lutter contre l'inceste mais ce manque de définition montre un manque d'investissement de la part des pouvoirs publics qui ne savent pas contre quoi ils luttent exactement.

§3. La vaine répression du silence de l'inceste et les procès hors les murs

Le livre de Camille Kouchner n'a pas laissé la Justice indifférente. Une enquête a été ouverte en janvier 2021 pour agressions sexuelles et viols par une personne ayant autorité sur un mineur de quinze ans à l'encontre d'Olivier Duhamel qui a reconnu avoir sexuellement agressé son beau-fils. Cependant, les faits se sont déroulés dans les années 1980, époque à laquelle la prescription pour de tels faits était de dix ans à partir de la majorité de la victime. Au moment où le Parquet de Paris a ouvert l'enquête, les

---

1. MARY, Léa, « Penser l'emprise après la loi du 21 avril 2021 visant à protéger les mineurs des crimes et délits sexuels et de l'inceste », AJ Famille, 2021, p. 468.

2. PELLE, Sébastien, « Infractions sexuelles contre les mineurs : une sortie du droit commun, pour quelle efficacité ? », *op. cit.*

faits étaient, dès lors, déjà couverts par la prescription. C'est donc tout naturellement qu'un classement sans suite a été prononcé en juin 2021 [1]. La solution était évidente et les poursuites avaient à la fois un but symbolique et constituaient la suite de la plainte déposée par le frère de Camille Kouchner.

Il s'agissait peut-être d'une volonté de bien faire. Mais à quoi bon rappeler que des faits sont prescrits ? A vouloir montrer que la justice se met en mouvement pour réprimer l'inceste et briser la chaîne du silence, elle montre parfois son incapacité à agir, comme si elle reprochait aux victimes de ne pas avoir parlé plus tôt.

Quid des personnes qui savaient mais n'ont rien dit ? En 1985, Margaret Myer a mené une étude auprès de 43 mères de victimes d'inceste. Parmi ces 43 femmes, 56% d'entre elles ont protégé leur fille, 35% ont rejeté leurs filles au profit de leurs conjoints et 9% sont restées neutres. Celles qui ont rejeté leurs filles sont apparues comme étant dépendantes de leurs conjoints à la fois sur le plan affectif et sur le plan financier. Quant à celles qui sont demeurées neutres, elles niaient simplement l'existence de l'inceste [2].

En tout état de cause, il arrive souvent que des mères et des proches prennent parti pour l'auteur de l'inceste au détriment de la victime qui se retrouve mise au ban de la société. Valérie Bacot en témoigne dans son ouvrage *Tout le monde savait* : tout le village savait que le beau-père de Valérie Bacot abusait de sa belle-fille mais personne n'a rien fait, favorisant un climat incestuel qui n'est pas remis en cause par le droit.

---

1. *Le Monde*, « Affaire Duhamel : l'enquête classée sans suite pour prescription », 14 juin 2021, disponible sur : https://www.lemonde.fr/police-justice/article/2021/06/14/affaire-duhamel-l-enquete-classee-sans-suite-pour-prescription_6084069_1653578.html.

2. http://psycnet.apa.org.proxybib-pp.cnam.fr/psycinfo/1986-14719-001 *in* HAESEVOETS, Yves-Hiram. « 8 Caractéristiques psychodynamiques du parent non-abuseur », *L'enfant victime d'inceste. De la séduction traumatique à la violence sexuelle*, sous la direction de Haesevoets Yves-Hiram, Van Gijseghem Hubert, Jaffé Philip D. De Boeck Supérieur, 2015, pp. 165-176.

Serge Guinchard a fait intervenir la notion de « procès hors les murs » qui semble très bien intervenir dans cette situation. Il s'agit d'une espèce d'instance judiciaire menée en dehors d'un tribunal. Pour Serge Guinchard, l'exemple typique de celui qui peut mener un procès hors les murs est un journaliste d'investigation mais il peut également s'agir d'un homme politique qui attaque la Justice au motif qu'elle serait dévoyée, n'irait pas assez vite [1]. Le procès hors les murs, en tout état de cause, critique l'institution judiciaire.

L'objectif du mouvement #MeToo était de mettre en avant les lacunes de la Justice en matière de répression de l'inceste et de son silence. Ces procès sur les réseaux sociaux et les médias permettent aussi de jeter la honte et l'opprobre sur l'auteur des faits, en l'occurrence de l'inceste, et non sur la victime.

Section 2. Le rôle de la Justice dans le silence de l'inceste

La procédure pénale est construite autour du principe de la présomption d'innocence et protège la personne prévenue ou accusée. Dès lors, la victime peine à trouver sa place et sa parole est sans cesse remise en cause (§1). Si cette parole a du mal à être écoutée par les acteurs de la Justice (§2), il y a tout de même des initiatives tendant à ne plus laisser l'inceste impuni, de ne plus le laisser sous silence (§3).

§1. La Justice au service du discrédit de la parole des victimes d'inceste

La Justice peine à écouter les victimes pour deux raisons importantes : les procès d'Outreau qui auraient pu être ceux de la

---

1. GUINCHARD, Serge, « Les procès hors les murs », *in* Jean Beauchard et Pierre Couvrat (dir.), *Droit civil, procédure, linguistique. Écrits en hommage à Gérard Cornu*, Paris : PUF, 1994, p.201.

libération de la parole et de l'écoute des victimes (A) et le caractère, finalement, si intime de cette infraction que la loi pourrait sembler illégitime à intervenir (B).

A. L'échec des procès d'Outreau

Le 5 décembre 2000, les quatre enfants de Myriam Badaoui et Thierry Delay affirmaient à leur assistante sociale que leurs parents regardaient des vidéos pornographiques en famille et qu'ils participaient à des rapports sexuels avec d'autres adultes. Alerté par l'Aide sociale à l'enfance, le Procureur de la République de Boulogne-Sur-Mer déclenche l'action publique en janvier 2001. L'enquête mettra en cause des dizaines de personnes qui seront placées en garde à vue. Le 22 février 2001, le juge d'instruction Fabrice Burgaud est désigné et prononce des mises en examen. En mars 2003, dix-sept personnes sont renvoyées devant la cour d'assises de Saint-Omer, dans le Pas-de-Calais.

Le procès s'ouvre 4 mai 2004. Les enfants sont entendus le 3 juin, et leurs témoignages apparaissent contradictoires. Le 12 juin, l'indépendance d'un expert psychologue est remise en question. De nouveaux experts sont entendus le 21 juin et remettent en cause la crédibilité de la parole des enfants. Le lendemain, Myriam Badaoui qui accusait aussi son mari de violences sur leurs enfants, affirme : « *C'était pour me rendre intéressante. M. le juge Burgaud, c'était le premier à m'écouter comme ça. Le plus j'en disais, le plus qu'il en voulait.* » [1]. Dans la foulée, elle lance de nouvelles accusations qu'elle retire et réitère.

Le 2 juillet, après seize heures de délibération, dix accusés sont condamnés, dont Myriam Badaoui et Thierry Delay qui sont respectivement condamnés à quinze et vingt ans de réclusion criminelle pour viol, agression sexuelle et proxénétisme. Sept personnes sont donc acquittées. *Le Monde* titre son article sur ce

---

1. Chronologie de l'Affaire d'Outreau disponible sur : https://journals.openedition.org/droitcultures/1430.

procès : « Un verdict illisible » [1]. Le journal considère que les accusateurs et accusés n'ont pas été suffisamment confrontés, et que la parole des victimes aurait dû être contrôlée. La parole des enfants, dès lors, est mise en doute.

Six condamnés interjettent appel. Myriam Badaoui et Thierry Delay n'en font pas partie. Le procès s'ouvre le 7 novembre 2005 à la cour d'assises d'appel de Paris. Le 16 novembre, deux enfants affirment avoir menti. Le 30 novembre, le procureur général requiert l'acquittement des accusés. Le jury délibère pendant sept heures le 1er décembre et suit les réquisitions. Le Garde des Sceaux, Pascal Clément, évoquera une « *grande erreur judiciaire* » [2].

Ce procès aurait pu mettre la parole des enfants à l'honneur. Les victimes mineures auraient pu, à l'issue des audiences, être davantage écoutées. Il s'est produit l'inverse. Le procureur et le juge d'instruction voulaient protéger les enfants et ont évité des confrontations avec les adultes qu'ils accusaient.

Antoine Garapon et Denis Salas affirment qu'à l'instar des procès de Salem, les procès d'Outreau se sont fondés sur des rumeurs et déroulés en l'absence de preuves matérielles. [3]

La parole des enfants, enrichie par les mensonges de Myriam Badaoui, a alors malmené la présomption d'innocence. Il suffit de voir le nombre de personnes placées en détention provisoire avant l'ouverture du procès en première instance : sur les dix-sept accusés, six comparaissent libres. Afin de renforcer cette présomption d'innocence, depuis les procès d'Outreau, les auditions de gardes à vue pour crimes sont enregistrées (article 64-1 §1 du Code de procédure pénale) et le juge d'instruction instruit

---

1. *Le Monde*, 2 juillet 2004, disponible sur : https://www.lemonde.fr/une-abonnes/article/2004/07/02/un-verdict-illisible_371329_3207.html.

2. Chronologie de l'Affaire d'Outreau *op. cit.*

3. SALAS Denis, GARAPON Antoine, *Les nouvelles sorcières de Salem. Les leçons d'Outreau*, *op. cit.*, p.100-102.

à charge et à décharge afin d'éviter des copier-coller des réquisitions du Procureur (article 184 du Code de procédure pénale).

Ces réformes post-Outreau ne concernent toutefois que les accusés, ce qui est une évidence au regard de la philosophie entourant le procès pénal qui est tourné vers les droits de la défense, la présomption d'innocence et le principe cardinal qui veulent que « *il vaut mieux cent coupables en liberté qu'un innocent en prison* » [1]. Toutefois, ces réformes constituent un acte manqué au regard des droits des victimes dont la parole n'est pas suffisamment écoutée.

B. La légitimité questionnable de la loi dans l'enceinte familiale

Dans son discours préliminaire au projet de Code civil, Jean-Etienne-Marie Portalis définit la famille comme « *une société particulière et distincte dont le gouvernement importe à la grande famille qui les comprend toutes* » [2]. La famille répond donc à ses propres règles, ses propres codes, ses propres lois. Elle a également, à l'instar d'un État, des relations avec d'autres familles de sorte que sa réputation, sa responsabilité, doivent être préservées.

En 1969, le Doyen Pierre Couvrat écrivait par ailleurs que « *la famille [...] ne constitue pas pour le législateur un élément fondamental... Tout au plus se présente-t-elle comme un relai utile entre l'individu et la société dont il faut tenir compte. Au regard du droit pénal, elle ne forme plus un ensemble digne de protection* » [3].

---

1. Voltaire au sujet de l'affaire Calas, disponible sur : https://www.dicocitations.com/citations/citation-169572.php.

2. LEFEBVRE-TEILLARD, Anne. « La famille, pilier du Code civil », *Histoire de la justice*, vol. 19, n°1, 2009, pp. 311-319.

3. COUVRAT, Pierre, « Le droit pénal et la famille », *RSC*, 1969, p. 807. V.spéc. p.837. *In* Tinel, Marie. « La famille en droit pénal », *Droits*, vol. 56, n°2, 2012, pp. 155-178.

Une conception classique du droit pénal voudrait qu'il n'intervienne peu ou pas dans la famille. Pourtant, un tournant s'opèrera dans les années 1970, avec la dépénalisation de l'adultère en 1975. La notion de famille pouvait constituer, jusque-là, une sorte de frontière face aux potentielles velléités interventionnistes du législateur qui voudrait réglementer les rapports entre les membres d'une cellule familiale. Ces frontières commencent ainsi à tomber à partir du milieu des années 1970.

Toutefois, l'on comprend le malaise du législateur à intervenir dans la famille. D'abord parce qu'il y a une intimité et une vie privée qu'il s'agit de préserver, mais aussi parce qu'il faut définir la famille. Or, là, les différents domaines du droit ne s'accordent pas. Depuis la loi de 2010 qui a introduit l'inceste dans le Code pénal, la famille est définie comme le groupe composé de parents, de grands-parents, de frères et sœurs, d'oncles et tantes et de neveux et nièces (introduits plus récemment, comme nous l'avons vu plus haut). *Quid* des cousins, des frères et sœurs d'un beau-parent, du concubin ou de la concubine d'un frère ou d'une sœur ? Le droit pénal rejette de la notion de famille, semble-t-il, les membres par alliance et les personnes avec lesquelles un mariage est autorisé !

Le droit civil, de son côté, entend la notion de famille plus largement que le droit pénal. En effet, les interdits à mariage concernent à la fois les ascendants et descendants, mais aussi les collatéraux dont les cousins. Le droit civil consacre même une prohibition de l'inceste du second type à travers l'interdit, théorique du moins, de se marier avec un beau-parent.

Une telle distorsion entre le droit pénal et le droit civil est malheureuse, allant en effet à l'encontre d'un impératif de sécurité juridique. Si le droit doit s'immiscer dans les relations unissant les membres d'une famille, il serait bon de savoir à qui et comment il s'applique.

En 1978, le Doyen Carbonnier écrivait « *à chacun sa famille, à chacun son droit* » [1]. Cette maxime est peut-être souhaitable, mais est surtout inapplicable : si à chaque famille un régime juridique différent est appliqué, alors la sécurité juridique s'en trouve perturbée.

Par ailleurs, en affirmant qu'un régime juridique spécifique doit s'appliquer à chaque famille, Jean Carbonnier montre la pudeur du droit à l'égard de ces micro-sociétés. De fait, cela empêcherait de donner une définition générale de la famille dont on sait qu'elle ne correspondrait pas à tous les schémas familiaux.

De sorte que le législateur se trouve dans une position délicate, entre la nécessité de protéger les enfants victimes de violences sexuelles intra-familiales et l'impossibilité quasi-matérielle de donner une définition juridique uniforme de la famille. Cette hésitation est également une cause du silence de l'inceste puisqu'il s'agit, pour les victimes et leurs proches, de mettre des mots sur ce qui a été vécu. Dans l'exemple de la famille Gouardo évoqué plus haut, il était question d'un homme qui violait sa fille adoptive. Dans le village où les faits se sont commis, il se disait notamment que ce n'était pas de l'inceste, puisque la victime n'était pas la « vraie » fille de l'agresseur.

Le terme d'inceste étant particulièrement infâmant, il convient que le droit soit clair concernant les personnes auxquelles cette qualification s'applique.

Robert Vouin considérait que « *la famille répugne naturellement, et pour bien des raisons, à se laisser définir* » [2]. De la même manière, Philippe Bonfils juge bon que le législateur n'ait

1. CARBONNIER, Jean, « A chacun sa famille, à chacun son droit », *in*. *Essai sur les lois*, 2ième éd., Répertoire du notariat Defrénois, 1995, p. 181-194.

2. VOUIN, Robert, « Préface », *in* M. Delmas-Marty, *Le droit de la famille*, 1ère éd., Que sais-je, Puf, 1972, *in* Tinel, Marie. « La famille en droit pénal », *op. cit.*

pas défini le concept de famille dans la loi de 2010 [1]. Cela apparait pourtant critiquable au regard du principe de légalité des délits et des peines qui impose de déterminer précisément à qui et dans quelles conditions le droit pénal s'applique.

§2. La faible implication des acteurs de la Justice dans le traitement de l'inceste

« *Parler est un besoin, écouter est un art.* »
Johann Wolfgang Goethe

Il apparait que, non seulement, mettre en mouvement les acteurs de la Justice constitue un parcours du combattant pour la victime (A), mais en plus que, une fois enclenchée, la machine judiciaire peine à recueillir la parole des victimes correctement en raison d'une formation lacunaire en la matière (B).

A. La mise en action difficile des acteurs de la Justice en matière d'inceste

Le site Service-public.fr indique que « *un mineur victime de violences à caractère sexuel (couramment appelées* abus sexuels*) fait l'objet d'une protection particulière* »[2]. Cette protection se matérialise notamment par la durée de la prescription qui s'étend, en cas de viol, jusqu'à trente ans à partir de la majorité de la victime. Celle-ci peut donc agir jusqu'à ses quarante-huit ans contre l'auteur des faits.

Toujours selon le site Service-public.fr, le mineur peut soit porter plainte lui-même, soit par l'intermédiaire de ses parents ou représentants légaux qui peuvent agir en son nom. Toutefois, ici, une double difficulté se pose, en matière d'inceste : un mineur

---

1. BONFILS, Philippe, « Loi n° 200-121 du 8 février 2010 tendant à inscrire l'inceste commis sur les mineurs dans le code pénal et à améliorer la détection et la prise en charge des victimes d'actes incestueux », *RSC*, 2010, p.462.

2. https://www.service-public.fr/particuliers/vosdroits/F2274.

va-t-il réellement agir seul contre un membre de sa famille ? et va-t-il vraiment demander de l'aide à sa famille pour dénoncer l'un des leurs ? Il s'agit d'être pragmatique : non, un enfant ne se comporte pas ainsi.

De sorte qu'informer la Justice de l'existence de ces faits constitue déjà une montagne pour la victime. Certes, le délai de prescription est long, permettant à la victime d'agir une fois majeure et plus indépendante vis-à-vis de sa famille mais une nouvelle difficulté survient pour cette victime qui agit plusieurs années après les faits : la preuve, que nous étudierons plus tard.

Le Code pénal tente toutefois de pallier la difficulté que peut avoir le mineur à dénoncer les faits dont il est victime dans sa famille. A cet égard, l'article 223-6 du Code pénal prévoit : « *Quiconque pouvant empêcher par son action immédiate, sans risque pour lui ou pour les tiers, soit un crime, soit un délit contre l'intégrité corporelle de la personne s'abstient volontairement de le faire est puni de cinq ans d'emprisonnement et de 75 000 euros d'amende.*

Sera puni des mêmes peines quiconque s'abstient volontairement de porter à une personne en péril l'assistance que, sans risque pour lui ou pour les tiers, il pouvait lui prêter soit par son action personnelle, soit en provoquant un secours. »

Comme l'indique le pronom « Quiconque », cet article s'impose bien à n'importe quel citoyen qui supposerait qu'un mineur subit des violences. Toutefois, il y a deux types de personnes que l'on peut sentir particulièrement visées en ce qui concerne l'inceste : un professeur d'école et un médecin.

A l'égard des premiers, le Ministère de l'Éducation Nationale a publié sur son site Internet un Vademecum : « Violences sexuelles intrafamiliales : comprendre, prévenir, repérer et agir ». Toutefois, la CIIVISE constate que les démarches des professeurs des écoles demeurent insuffisantes, c'est pourquoi elle insiste sur la nécessité, de la part des professionnels, d'un « *repérage systématique* » des violences subies par des enfants.

Quant aux médecins et professionnels de santé, l'article 226-14, 2° du Code pénal indique que le secret professionnel tombe lorsque, « *avec l'accord de la victime* », il « *porte à la connaissance du procureur de la République ou de la cellule de recueil, de traitement et d'évaluation des informations préoccupantes relatives aux mineurs en danger ou qui risquent de l'être, mentionnée au deuxième alinéa de l'article L. 226-3 du code de l'action sociale et des familles, les sévices ou privations qu'il a constatés, sur le plan physique ou psychique, dans l'exercice de sa profession et qui lui permettent de présumer que des violences physiques, sexuelles ou psychiques de toute nature ont été commises. Lorsque la victime est un mineur ou une personne qui n'est pas en mesure de se protéger en raison de son âge ou de son incapacité physique ou psychique, son accord n'est pas nécessaire ;* ».

Reste à savoir si cet article est appliqué. Le Docteur Jean-Marc Ben Kemoun a affirmé à cet égard qu'il convient de former les praticiens au signalement [1] qui n'est pas dans leurs habitudes puisqu'ils sont davantage formés au secret qu'à la dénonciation.

Toutefois, en matière d'inceste, il convient de remettre en ordre les priorités et de mettre l'intérêt de l'enfant au cœur du dispositif, d'où une sensibilisation particulière du monde médical en la matière.

Se dessine alors un parcours du combattant pour la victime d'inceste qui souhaiterait informer un magistrat de ce qu'elle (a) subi(t), une fois l'éventuel syndrome de stress post-traumatique ou sa peur des conséquences familiales surmontée. Lorsque ce magistrat prend connaissance de ces faits, les difficultés continuent car long et difficile est le chemin de la victime vers la reconnaissance de ce statut par les tribunaux, comme le montre le

---

1. AVENA-ROBARDET, Valérie, « Soupçons de maltraitance en secret », *AJ famille*. 2022, p.349.

schéma ci-dessous [1], et du très grand nombre de classements sans suite prononcés.

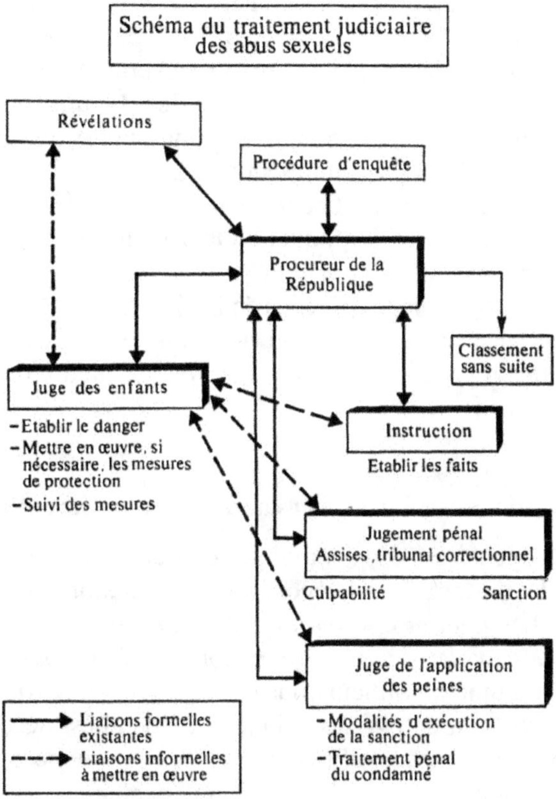

Figure 4 - Schéma du traitement judiciaire des abus sexuels

En effet, selon la CIIVISE, 70% des plaintes déposées pour violences sexuelles infligées à un mineur sont classées sans suite [2]. Cela a de quoi décourager les victimes et les conduit à garder le silence, protégeant l'incesteur.

---

1. VRIGNAUD, Dominique. « Les comptes de l'inceste ordinaire », Françoise Héritier-Augé éd., *De l'inceste*. Odile Jacob, 1994, pp. 129-169.

2. Rapport intermédiaire de la CIIVISE, *op. cit.* Disponible sur : https://www.ciivise.fr/wp-content/uploads/2022/03/CCl-inter_2803_compressed.pdf.

Toutefois, notons que le droit tente de pallier ces difficultés grâce à la justice restaurative. En effet, même en cas de non-lieu, même si le délai de prescription est écoulé, le procureur de la République peut toujours proposer la mise en place d'une mesure restaurative en application de l'article D1-1-1 du Code de procédure pénale. Il convient toutefois que le prévenu ou l'accusé reconnaisse les faits ! Le Professeur Robert Cario souligne que cet article constitue une avancée dans la reconnaissance des victimes comme personne humaine, même quand la voie juridique n'est pas ou plus possible [1]. La Justice restaurative se décline sous plusieurs formes et permet d'impliquer toute personne se sentant impliquée par les faits, « *même si elles ne sont pas parties à la procédure* » [2]. De sorte que les proches de la victime directe peuvent solliciter une mesure de médiation restaurative, leur permettant de trouver des réponses à leurs questions et de mettre des mots sur leurs maux.

B. La formation lacunaire de ces acteurs en matière d'inceste

Dans la postface d'un ouvrage consacré aux violences sexuelles, Jean-Marc Sauvé reconnait que la réalité des agressions sexuelles peut être « *questionnée, minorée, voire déniée, par leurs auteurs et, trop souvent, non reconnue par la justice* ». [3] Il souligne par ailleurs que le droit seul ne suffit pas en la matière : un soutien psychologique et médical est nécessaire. Il s'agit donc, en l'espèce, d'inviter les juges à prononcer davantage d'injonctions de soins à l'égard des personnes reconnues coupables d'inceste et de mieux accompagner les victimes afin qu'elles se reconstruisent.

Toutefois, avant l'étape de la condamnation et de la reconstruction de la victime, encore faut-il que la Justice se mette en

1. CARIO, Robert, « Justice restaurative – Aspects généraux de la justice restaurative », *Répertoire de droit pénal et de procédure pénale*, Janvier 2022.

2. *Ibid.*

3. SAUVE, Jean-Marc. « Postface », RONAI, Ernestine, *Violences sexuelles. En finir avec l'impunité*. Dunod, 2021, pp. 213-217.

œuvre. Si les difficultés procédurales et la lenteur de la procédure y sont pour beaucoup, la formation des acteurs joue également.

Pour François Molins, cette formation a progressé. Il souligne à cet égard que l'École Nationale de la Magistrature a créé une formation systématique sur les violences au sein du couple [1]. Cette formation, si elle constitue un point de départ concernant l'inceste, n'est pas suffisante. D'ailleurs, François Molins a affirmé au micro d'Antoine Garapon dans une émission du 7 juin 2023, que les violences sexuelles, notamment sur mineurs, constituaient les faits les plus difficiles à traiter pour un juge et qu'une formation sur la prise en charge de ces victimes était indispensable [2].

La formation des acteurs de l'institution judiciaire est d'autant plus importante que, comme le souligne la CIIVISE dans son rapport livret de formation à destination des professionnels, la plupart des personnes ayant subi un inceste en a déjà parlé. Parfois, la personne qui a recueilli cette parole était un policier qui aurait pu agir, saisir un juge et un procès aurait davantage eu de chances de se tenir. Il se peut aussi qu'un professionnel étranger à l'institution judiciaire au sens propre du terme fasse un signalement qui sera reçu par des agents de police ou des gendarmes [3]. Là encore, il convient qu'ils aient reçu une formation adaptée afin de mener l'enquête avec toutes les diligences qu'une matière aussi intime impose.

Valérie Bacot évoque comment elle a tenté, à plusieurs reprises d'informer la police de ce que son beau-père lui faisait subir, en vain. Néanmoins, l'affaire Duhamel permet de nuancer ce

---

1. MOLINS, François. « Préface », Ernestine Ronai éd., *Violences sexuelles. En finir avec l'impunité. Op. cit.*

2. GARAPON, Antoine, « Esprit de Justice », « Entretien avec François Molins », France Culture, 7/06/2023, disponible sur : https://www.radiofrance.fr/franceculture/podcasts/esprit-de-justice/entretien-avec-francois-molins-6180476.

3. CIIVISE, *Violences sexuelles faits aux enfants, repérer et signaler – Livret de formation des professionnels*, 22 novembre 2022, disponible sur : https://www.ciivise.fr/wp-content/uploads/2022/11/Livret-de-formation-CIIVISE-version-compressee.pdf.

propos fataliste selon lequel la police n'agirait jamais en cas de violences sexuelles intrafamiliales : il semblerait que, si une personne est médiatisée et si l'affaire elle-même fait l'objet d'une grande médiatisation qui remet en cause le fonctionnement de la justice, une enquête en bonne et due forme pourra être menée. Olivier Duhamel a d'ailleurs reconnu les faits. Cependant, là encore ce fut vain à cause de la prescription qui les couvrait. Ce n'était donc pas la faute de la police, mais de la victime de ne pas avoir agi à temps.

Dans son livret à destination des professionnels, la CIIVISE insiste sur le vocabulaire à employer lorsqu'un enfant dénonce des violences sexuelles intra-familiales dont il serait victime. Ainsi recommande-t-elle de ne pas dire à l'enfant que ce qu'il a subi n'est pas grave, mais au contraire d'indiquer à l'enfant qu'il est courageux d'avoir parlé, que ce qu'il a subi n'est pas normal. [1]

De surcroit, si le vocabulaire employé importe, il convient également pour l'adulte qui entend l'enfant de faire attention à son attitude. La psychologue canadienne Marie-Claude Bégin est l'auteur d'un article sur l'art d'interroger un enfant. Elle souligne que l'adulte qui interroge ne doit rien manifester : ni dégoût, ni peur, ni colère. En effet, il se peut que l'enfant victime d'inceste ne ressente pas ces émotions et pense qu'il a subi quelque chose dont il devrait avoir honte [2]. A cet égard, l'Organisation internationale de la Francophonie (OIF) a publié un rapport nommé « Entendre et accompagner l'enfant victime de violences » en décembre 2015, dont le constat de départ est que l'écoute permet à l'enfant de se reconstruire après avoir subi des violences. Aussi,

1. *Ibid.*

2. BEGIN, Marie-Claude, « La nécessité et l'art d'interroger un enfant », *Revue Générale du droit*, Vol. 27, n°2, juin 1996, disponible sur : https://www.erudit.org/fr/revues/rgd/1996-v27-n2-rgd02432/1035813ar.pdf.

l'OIF recommande-t-elle d'encourager la spécialisation des avocats, d'augmenter les formations des gendarmes, policiers et magistrats [1].

Notons également qu'il peut être utile, pour le bon recueil de la parole de l'enfant, qu'aucun mot ne soit prononcé. C'est la méthode « Mélanie » qui consiste plutôt à mettre des poupées et des puzzles anatomiques à disposition des enfants afin qu'ils montrent où ils ont subi des attouchements [2]. Dans un rapport de 2015, la Direction des affaires criminelles et des grâces a souligné l'existence de « salles Mélanie » dotées de caméras afin de filmer l'enfant en entier et d'analyser son langage corporel [3]. Les salles sont aménagées de façon à mettre l'enfant en confiance, joliment décorées, mais il n'en existe que 27 aujourd'hui [4], alors que le territoire français compte 729 commissariats [5].

En tout état de cause, cela fait plusieurs années qu'un consensus existe concernant le manque de formation des acteurs de la justice pour recueillir la parole des enfants victimes d'inceste. Dans son article sur la formation des policiers, Jean-Michel Schlosser note que ces agents sont formés tout au long de leur carrière afin de mettre leurs connaissances à jour. Cette mise à jour s'appuie sur des axes définis au niveau national par la direction de la formation. Ainsi, en 2021, ces axes étaient la préparation aux nouvelles formes de contestation violentes, le développement des capacités d'investigation, le renforcement lien police-population, le développement des compétences managé-

1. « Entendre et accompagner l'enfant victime de violences », *Journal du droit des jeunes*, vol. 350, n°10, 2015, pp. 38-39.

2. https://innocenceendanger.org/wp-content/uploads/2019/11/Audition-Melanie.pdf.

3. https://www.justice.gouv.fr/sites/default/files/migrations/portail/art_pix/guide_enfants_victimes.pdf.

4. https://actu.fr/nouvelle-aquitaine/gendarmerie-pourquoi-les-salles-d-audition-d-enfants-victimes-s-appellent-melanie.html.

5. https://service-public.fr/commissariat_police.

riales des encadrants et l'accompagnement de la transition numérique. [1] La protection des mineurs n'en fait pas partie, de même que l'apprentissage du recueil de leur parole. Pourtant, en 2016, la Cour de cassation a organisé une série de conférences sur le thème de la maltraitance des mineurs et le traitement de ces mineurs victimes en procédure. Jean-Claude Marin relève à cet égard que la loi du 14 mars 2016 a constitué une avancée en créant non seulement un Conseil National de la protection de l'enfance, mais en mettant également en place des protocoles entre les présidents de conseils départementaux et les responsables institutionnels et associatifs. [2] L'idée de cette loi était d'harmoniser les réponses institutionnelles.

De sorte que l'on voit des envies d'améliorer le traitement des mineurs victimes de maltraitances, notamment intrafamiliales. Toutefois, leurs démarches devant les juridictions constituent encore un parcours du combattant qui n'est pas pour améliorer la fin du cercle du silence. Ces difficultés créent une forme de « *seconde victimisation* », pour reprendre la formule du policier et psychiatre Martin Symonds, qui signifie que la victime n'est pas soutenue. Les attentes de la victime qui cherche à réduire son sentiment d'impuissance ne sont pas comblées, ce qui provoque un sentiment de rejet et d'abandon, conduisant la victime à se renfermer sur elle-même. [3]

Dans son ouvrage *Introduction à la victimologie*, Jo-Anne Wemmers évoque les besoins de la victime qu'il convient de prendre en compte : le besoin de réparer ou remplacer le matériel qui a pu être endommagé, le besoin de réparation financière, le besoin de soutien psycho-social et le besoin d'un statut au sein

---

1. SCHLOSSER, Jean-Michel. « La formation des policiers. Un outil à (ré) inventer, des contenus à (re) penser », *Alternatives Non-Violentes*, vol. 198, n°1, 2021, pp. 7-9.

2. MARIN, Jean-Claude. « Pour une meilleure protection de l'enfance », *Les Cahiers de la Justice*, vol. 1, n°1, 2018, pp. 7-9.

3. WEMMERS, Jo-Anne, *Introduction à la victimologie*, PUM, 2018, pp.70-89.

de la justice pénale. [1] En somme, la victime a besoin d'être considérée comme une personne et de recevoir un traitement individualisé. De cette façon, elle se sentira en confiance et pourra parler, briser le cercle du silence dans lequel elle a été enfermée.

§3. Les tentatives de diabolisation de l'inceste

Heureusement, les choses changent peu à peu. Des réflexions naissent concernant la construction d'un droit cohérent concernant l'inceste, sa répression et celle du silence qui l'entoure (A), mais en plus une commission indépendante sur l'inceste a été nommée et a tenté de trouver des solutions afin de rompre ce silence de l'inceste (B).

A. La nécessité d'un droit cohérent concernant l'inceste et son silence

« *Le pénal est un mauvais outil pour combattre l'omerta, d'où qu'elle vienne.* » [2], selon Jean-Luc Viaux qui ajoute que les politiques publiques en matière d'inceste ne sont animées que par l'émotion du public et ne peuvent, à ce titre, être cohérentes d'une quelconque manière.

La question de l'harmonisation de la répression de l'inceste se heurte à plusieurs difficultés. La première est celle, déjà évoquée, de l'absence d'interdiction à mariage entre cousins. Cette absence est questionnable au regard de ce que posait Levi-Strauss à propos du tabou universel de l'inceste : l'exogamie est la règle à laquelle toute société doit se tenir pour survivre. Le droit pénal se trouve alors bien embêté, ne pouvant qualifier comme incestueux un viol entre cousins. Dans une telle situation, la « clause Roméo et Juliette » s'applique mais elle est écartée en cas d'inceste. Cette « clause » veut que si un majeur entretient une relation avec un mineur mais qu'ils ont moins de cinq ans d'écart

---

1. *Ibid.*

2. VIAUX, Jean-Luc. « 12. Ne pas conclure mais continuer : que faire ? », *Les incestes. Clinique d'un crime contre l'humanisation*, sous la direction de Viaux Jean-Luc. Érès, 2022, pp. 255-263.

aucune infraction n'est constituée. Deux cousins, âgés de quatorze et dix-neuf ans pourraient donc entretenir une relation sexuelle sans que le plus âgé des deux ne soit mis en cause. Évidemment, si la relation n'est pas consentie, il est possible de passer sur le terrain du viol ou de l'agression sexuelle. Dans son article « Inceste commis par des mineurs : le grand déni », Sarah Boucault souligne cette minimisation des incestes commis par des mineurs. Ce n'est pas parce que l'auteur et la victime ont sensiblement le même âge que les actes sont moins graves [1]. Or, l'article 222-22-3 du Code pénal se contente de parler des ascendants et des collatéraux.

En tout état de cause, en matière d'inceste, se pose en premier lieu le problème de la preuve : comment prouver la contrainte, la menace, la violence ou la surprise lorsque deux personnes se connaissent depuis toujours ? L'emprise peut facilement être prise pour de la complicité. De plus, il convient de penser à la honte terrible que ressentirait la famille si une telle histoire venait à être révélée. Illel Krieser el Baz évoque à cet égard une adolescente de quatorze ans qui a été violée par son frère et son cousin.[2] Quand elle a souhaité sortir du silence, sa famille l'a prise pour une folle et lui a reproché son égoïsme. Pendant ce temps, les agresseurs ont poursuivi de brillantes carrières.

De sorte que le droit peut tenter comme il veut de diaboliser l'inceste en le réprimant expressément, ce qui constitue une avancée dans la reconnaissance du phénomène par le législateur. Cependant, tant que le mariage entre cousins restera possible, demeurera une disharmonie dans notre droit qui rend difficile la libération de la parole. Comment considérer comme mauvaises des relations qui peuvent être consacrées par le mariage ?

La seconde difficulté à laquelle se heurte la question de l'harmonisation de notre droit en matière d'inceste est celle de la place

1. BOUCAULT, Sarah, « Inceste commis par des mineurs : le grand déni », *La Déferlante*, 12 avril 2023, pp. 24-39.

2. KIESER EL BAZ, Illel, *Inceste et pédocriminalité : crimes contre l'humanité, op. cit.*

de la victime dans la procédure pénale. Non seulement la victime doit suivre un parcours du combattant pour être entendue par un juge dans le cadre d'une audience, être auditionnée plusieurs fois et revivre ce qu'elle a vécu, mais en plus elle n'a pas de vraie place dans la procédure pénale qui tourne plutôt autour de la personne prévenue ou accusée. Jean-Luc Viaux écrit à cet égard qu'il est heureux que la prescription de l'action publique existe pour limiter une condamnation sur « parole contre parole » [1].

Le Professeur Sébastien Pellé rappelle par ailleurs que la prescription permet d' « oublier » l'infraction. Dans la mesure où le droit pénal protège la Société contre un trouble et non pas la seule victime, il est logique de considérer que l'écoulement du temps estompe ce trouble et qu'il ne soit plus nécessaire de chercher à le réprimer. [2] Il apparait cependant que cette règle est particulièrement favorable à l'auteur de l'infraction et non à la victime qui, une fois qu'elle ose prendre la parole pour dénoncer un fait qu'elle a subi, peut se heurter à un mur : la prescription de l'action publique. C'est d'ailleurs l'obstacle auquel le frère jumeau de Camille Kouchner a fait face lorsqu'il a voulu porter plainte contre son beau-père, Olivier Duhamel.

Il convient d'ailleurs de noter que, environ un mois après la parution de l'ouvrage de Camille Kouchner, la députée Marie-France Lorho a présenté, le 23 février 2021, une proposition de loi visant à prévoir l'imprescriptibilité pour les actes d'inceste et de pédophilie qui n'a pas été adoptée [3]. Cette proposition de loi constitue un exemple supplémentaire, si c'était nécessaire, de l'incapacité du législateur à ne pas agir face à l'émotion du public et démontre une fois encore l'instrumentalisation du droit pénal et de la procédure pénale à des fins électoralistes. Sébastien Pellé estime que l'imprescriptibilité des infractions sexuelles sur mineurs risque d'être frappée d'inconstitutionnalité au regard du caractère disproportionné qu'aurait cette mesure face à l'infraction.

---

1. VIAUX, Jean-Luc. « 12. Ne pas conclure mais continuer : que faire ? », *op. cit.*

2. PELLE, Sébastien, « Infractions sexuelles contre les mineurs : une sortie du droit commun, pour quelle efficacité ? », *op. cit.*

3. https://www.assemblee-nationale.fr/proposition-loi.

Il ajoute que le Conseil constitutionnel serait d'autant moins enclin à accepter cette imprescriptibilité que la Cour de cassation a considéré que l'amnésie traumatique ne constituait pas un obstacle de fait insurmontable susceptible de retarder le point de départ de la prescription [1]. Dans ce contexte, donc, la victime se trouve contrainte par la procédure pénale qui protège davantage l'auteur que la victime. Après tout, le principe cardinal de la procédure pénale est la présomption d'innocence et les droits de la défense concernent avant tout la personne prévenue que la partie civile.

Nous sommes alors dans une situation étrange où le législateur affirme entendre le silence des victimes, mais il se trouve à la fois bloqué par les règles élémentaires du droit pénal, et par un droit civil apparemment bien plus permissif en matière d'inceste. Cet ensemble mériterait d'être repensé afin que les victimes y voient plus clair et se sentent, effectivement, écoutées. En l'état actuel, il apparait que le droit ne veut pas diaboliser l'inceste, bien qu'il montre sa volonté de réprimer fortement les violences intra-familiales. Cette disharmonie apparait dommageable pour les victimes.

B. La CIIVISE

La Commission indépendante sur l'inceste et les violences sexuelles faites aux enfants (CIIVISE) a été présentée par le Gouvernement en janvier 2021. Elle est née dans le sillage du mouvement #MeToo et de la Commission indépendante sur les abus sexuels dans l'Église (CIASE). La CIIVISE a fait l'objet d'une controverse dès sa création : Elisabeth Guigou était pressentie

1. Crim. 13 janv. 2021, n°19-86.509 *in* Pellé, Sébastien, « Infractions sexuelles contre les mineurs : une sortie du droit commun, pour quelle efficacité ? », *op. cit.*

pour la présider, mais sa proximité avec Olivier Duhamel l'a contrainte à démissionner [1]. Elle a été remplacée par Edouard Durand, juge des enfants, et Nathalie Mathieu, ancienne responsable du dispositif d'accueil au service ASE Seine Saint-Denis. Outre ces deux présidents, la commission est notamment composée d'Anne-Claude Ambroise-Rendu et d'Isabelle Aubry dont des propos et travaux ont déjà été évoqués et dont on connait, dès lors, l'implication dans la défense des mineurs victimes de violences sexuelles.

Le secrétaire d'État chargé de la famille et de la protection de l'enfance, Adrien Taquet, a donné deux ans à la commission pour émettre des recommandations en matière de prévention contre l'inceste. La commission a ainsi rendu plusieurs rapports : un avis à propos des mères en lutte en octobre 2021, des conclusions intermédiaires en mars 2022 et un rapport concernant le coût du déni en juin 2023. La publication de ces rapports a été rendue possible à la fois grâce à l'équipe pluridisciplinaire qui composait la commission, mais aussi grâce à une méthodologie qui avait déjà fait ses preuves pour le rapport de la CIASE : l'appel à témoignages. En un an, 16 414 témoignages ont été recueillis par téléphone, par écrit et par un questionnaire en ligne.

La CIIVISE n'a nullement pour ambition et pour rôle de se substituer à l'institution judiciaire ou aux autorités administratives, comme elle l'indique sur son site Internet. Elle a écouté les victimes, les a aidées à mettre des mots sur les maux, et a tenté de dresser un état des lieux car mieux l'ampleur du phénomène est connue, mieux il est possible d'en parler et de sensibiliser contre ce phénomène.

A partir des données qu'elle a recueillies, la Commission a établi trois axes dans ses recommandations : renforcer la prévention des violences, mieux protéger et accompagner les victimes, mieux sanctionner les agresseurs et améliorer leur prise en

1. CORDIER, Solène, « Fragilisée par l'affaire Olivier Duhamel, Elisabeth Guigou démission de la commission sur l'inceste », *Le Monde*, 13 janvier 2021, disponible sur : https://www.lemonde.fr/societe/article/2021/01/13/fragilisee-par-l-affaire-olivier-duhamel-elisabeth-guigou-demissionne-de-la-commission-sur-l-inceste_6066151_3224.html

charge. Le travail de la commission n'est donc pas seulement pluridisciplinaire en ce qu'il mobilise des professionnels de différentes matières, mais aussi en ce qu'il envisage de prendre en charge la victime et l'auteur. Il s'agit de restaurer la victime dans sa dignité, de lui donner une place, et de faire comprendre à l'auteur ce qu'il a fait subir. Pour la CIIVISE, cela implique de valoriser la partie civile qui devrait, selon la Commission, être capable d'interjeter appel de l'action publique dans le procès pénal.

En l'état actuel du droit positif, les articles 380-2 et 497 du Code de procédure pénale indiquent que, en matières criminelle et correctionnelle, la partie civile ne peut interjeter appel que pour ce qui concerne ses intérêts civils. Le procureur de la République peut, aux termes de ces mêmes textes, interjeter appel de l'entièreté de la décision rendue en première instance.

Cette différence de traitement entre la partie civile et le Procureur de la République s'explique par la conception philosophique de la peine et de l'infraction. La peine permet de protéger et défendre la Société qui a été heurtée par la commission de l'infraction. Dès lors que la victime n'est pas la personne que la peine entend protéger en premier lieu, elle n'est pas habilitée à demander une peine. Elle ne peut pas non plus interjeter appel de la décision relative à la culpabilité ou la peine prononcée à l'encontre de l'auteur de l'infraction.

L'on comprend bien l'argument de la Commission tendant à dire que la victime est concernée par la relaxe, l'acquittement ou la libération du délinquant ou du criminel. Toutefois, permettre à la partie civile d'interjeter appel de l'action publique est contraire à la conception philosophique de la peine et constitue un non-sens juridique.

Plutôt que de vouloir changer les rôles, peut-être serait-il d'abord judicieux de davantage sensibiliser les magistrats du Parquet et les forces de l'ordre à la question des infractions sexuelles sur mineurs afin que, déjà, les faits soient poursuivis.

Le 12 juin 2023, la CIIVISE a publié un rapport sur le coût du silence des violences sexuelles sur mineurs. Le travail pluridisciplinaire qu'elle a mené avec l'aide du cabinet Psytel a établi que, pour la Société, ces violences représentaient 9,7 milliards d'euros [1]. Selon les rédacteurs du rapport, alors qu'une solidarité est censée unir les êtres humains, que les plus forts sont supposés aider les plus faibles, l'impunité entourant les agresseurs et le silence entourant leurs actes ne rendent pas compte de cette impunité. Au contraire, cette impunité laisse davantage à penser que l'inceste subi constitue un problème propre aux victimes qu'elles doivent, dès lors, gérer seules. Or, non seulement l'inceste est un problème structurel en application des travaux de Dorothée Dussy, mais en plus la France est un pays où la solidarité est au cœur de son système de santé. De sorte que les 9,7 milliards d'euros pèsent chaque année sur les comptes en banque de tous les citoyens. La sensibilisation et la prévention constituent, aux yeux des membres de la Commission, des axes majeurs dans la réduction des coûts de ce déni. Il convient donc de parler de l'inceste pour qu'il s'arrête.

Parler, pour cesser d'avoir honte et pouvoir avancer. Ce travail de parole, si les victimes peuvent y participer, elles ne peuvent le faire seules et ont besoin de la reconnaissance de toute la société.

---

1 https://www.ciivise.fr/wp-content/uploads/2023/06/Avis-Le-cout-du-deni_VFpdf-1.pdf

4
La Justice restaurative et le silence de l'inceste

« *La justice restaurative offre à chacun(e) l'opportunité de se (ré) envisager pour l'avenir.* » [1]

Section 1. La définition de la justice restaurative

Il convient, pour la définir, de comprendre d'où elle vient (§1), ses missions (§2) et son rôle dans la lutte contre le silence de l'inceste (§3).

§1. L'histoire de la justice restaurative

Le 29 mars 2023, le film « Je verrai toujours vos visages » réalisé par Jeanne Herry, a été diffusé dans les salles de cinéma françaises. Ce long-métrage a mis au jour une forme de justice peu connue jusque-là : la justice restaurative. Pourquoi est-elle si invisibilisée ? Pour Denis Salas, la non-publicité des débats, les lieux où elle prend forme et la nécessaire protection des acteurs

1. CARIO, Robert. « La justice restaurative. Plaidoyer pour un authentique humanisme pénal », *Histoire de la justice*, vol. 33, n°1, 2022, pp. 171-181.

en jeu expliquent cette mise sous silence de la justice restaurative [1]. « *Il reste – et c'est heureux – les fictions pour nous éclairer.* » [2], souligne-t-il.

Cette forme de justice est réapparue dans les années 1970 au Québec sous le nom de justice réparatrice, alors que le « contrôle social » est largement critiqué en ce qu'il fait prévaloir la sécurité sur les libertés individuelles [3]. Loin d'être une initiative gouvernementale, Catherine Rossi souligne qu'elle est née sous l'impulsion d'un centre indépendant : le Centre de services de justice réparatrice qui a mis en place des rencontres détenus-victimes (RDV) [4].

Selon Catherine Rossi, ce centre fonctionne sur la base de principes humanistes et spirituels qui lui sont propres et s'inspirent de méthodes traditionnelles autochtones. Les médiations pénales, instaurées par les groupes religieux protestants des Mennonites, ont en effet constitué une source pour les créateurs de la justice réparatrice. L'idée initiale des rencontres était de confronter les infracteurs aux conséquences de leur comportement, « *de tirer profit de ces récits et expériences* » [5]. Il ne s'agissait pas, initialement, d'un dialogue ; mais simplement de témoignages de la part des victimes qui venaient parler à des auteurs d'infractions. Cependant, le dialogue a rapidement remplacé ces témoignages unilatéraux. C'est en 1991 que le premier dialogue a eu lieu au Centre de formation [6], sous la supervision de David Schantz, aumônier dans des centres pénitenciers. Les rencontres

---

1. SALAS, Denis. « Juger ailleurs, juger autrement - La justice restaurative s'invite dans l'espace public. À propos de « Je verrai toujours vos visages ». Film de Jeanne Herry, 2023 », *Les Cahiers de la Justice*, vol. 2, n°2, 2023, pp. 319-228.

2. *Ibid.*

3. BLANC, Alain. « L'apport des savoirs criminologiques à la réflexion sur le sens de la peine », *Les Cahiers de la Justice*, vol. 2, n°2, 2023, pp. 257-270.

4. Rossi, Catherine, « Le modèle québécois des rencontres détenus-victimes », *Les Cahiers de la Justice*, vol. 2, n°2, 2012, pp. 107-123.

5. *Ibid.*

6. Centre pénitencier fédéral à sécurité minimum situé au Québec.

détenus-victimes rassemblent diverses caractéristiques qui les mettent au carrefour de la Justice, de la médiation pénale et des groupes d'entraide [1].

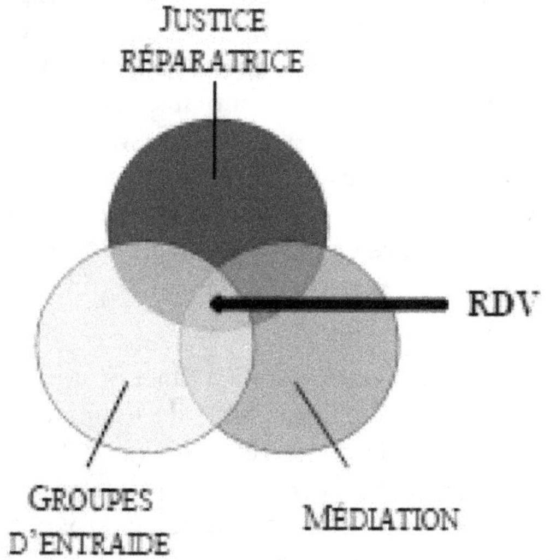

Figure 5 - Un mélange de plusieurs approches (Rossi, Catherine, « Le modèle québécois des rencontres détenus-victimes », Les Cahiers de la Justice, vol. 2, n°2, 2012, pp. 107-123)

Les rencontres détenus-victimes sont un exemple parmi d'autres d'ateliers restauratifs qui se déclinent désormais sous deux grandes formes : les ateliers restauratifs en face à face et les ateliers restauratifs de substitution [2]. Les premiers concernent l'auteur des faits et la victime directement liée par l'infraction. Il regroupe trois types d'ateliers : la médiation restaurative, les conférences de groupe familial et les cercles restauratifs extra-judiciaires. Ces ateliers n'existent pas tous dans tous les pays. Par exemple, la France ne connait pas les conférences de groupe familial qui existent chez nos voisins belges alors qu'elles ont des vertus en termes d'accompagnement pour la famille entière, autour de l'auteur de l'infraction qui est ainsi soutenu dans sa sortie

1. *Cf.* Schéma ci-dessous, Rossi, Catherine, *op. cit.*

2. CARIO, Robert. « La justice restaurative. Plaidoyer pour un authentique humanisme pénal », *Histoire de la justice*, vol. 33, n°1, 2022, pp. 171-181.

de la délinquance et de la victime qui obtient réparation des préjudices et torts causés [1]. Les cercles restauratifs extra-judiciaires devraient être mis en place en France à l'horizon 2024.
Quant aux seconds, les ateliers restauratifs de groupe anonyme, ils ont lieu soit en milieu fermé, soit en milieu ouvert. Ils rassemblent quatre personnes auteurs et quatre personnes victimes ayant posé ou subi des faits de nature semblable, en présence de deux animateurs et de deux membres de la communauté, tous spécialement formés [2]. Les cercles restauratifs extrajudiciaires sont envisageables lorsque l'auteur n'est pas identifié ou quand l'action publique n'a pas été mise en mouvement et/ou quand la prescription est acquise. Ils sont particulièrement pertinents en matière d'inceste.

La justice restaurative arrive en France à la fin des années 1980, sous l'impulsion du Professeur de Criminologie, Robert Cario [3]. La justice pénale tourne, en principe, autour de l'infracteur. La procédure pénale est construite pour le protéger et éviter des condamnations à tort. Dans ce système, la victime est mise de côté, alors que si un procès pénal peut se tenir, c'est bien parce qu'elle a été, en premier chef, heurtée. Face à une montée en puissance des droits de la défense, la victime a pris une place de plus en plus importante dans le procès pénal. Pour le Professeur Robert Cario, ces « *impératifs du procès équitable ont conduit à offrir à la victime une place qui n'aurait jamais dû cesser d'être la sienne* » [4], à savoir un acteur essentiel au procès, au même titre que le procureur et l'auteur de l'infraction.

La mise à l'écart de la victime crée inévitablement une défiance envers la justice. En ce sens, les victimes d'infractions sexuelles peinent à saisir les autorités compétentes afin de relater ce qu'elles ont vécu. Le manque d'écoute constaté, la longueur

1. *Ibid.*

2. *Ibid.*

3. https://www.justicerestaurative.org.

4. CARIO, Robert. « Justice restaurative : principes et promesses », *Les Cahiers Dynamiques*, vol. 59, n°1, 2014, pp. 24-31.

de la procédure et, surtout, la faiblesse des peines prononcées les en découragent. Aussi, la justice restaurative tente de donner à la victime un lieu où elle se sentira écoutée afin d'être restaurée dans sa dignité. Alors que nous assistons à une *managérialisation* de la Justice toujours plus importante, prendre le temps d'écouter les victimes est devenu particulièrement difficile. Partant, la défiance dans les autorités judiciaires contribue au silence des infractions – sexuelles et notamment de l'inceste.

La justice restaurative s'inscrit dans une dynamique, évidemment, plus large. Elle concerne toutes les infractions et conduit, en tout état de cause, à pallier le manque de confiance dans la Justice. Loin des préoccupations managériales, elle a vocation, dès l'origine, à donner le temps pour l'écoute et le dialogue. Robert Cario écrit dans son ouvrage consacré à la justice restaurative qu'elle « *tarde à s'épanouir pleinement en France* » [1]. Il a en effet fallu attendre la loi du 15 août 2014 pour la voir inscrite dans le Code de procédure pénale. Cela est certainement dû à la trop forte vision de l'infraction comme violation de la loi, laissant la victime de côté. Or, s'il est vrai qu'un crime constitue une violation de la norme, il ne faut pas oublier que la victime aide la Justice à en prendre connaissance. La justice restaurative donne donc une place forte à la victime et, comme l'écrit Robert Cario, « *elle nourrit une triple ambition : la resocialisation de l'infracteur ; la réparation de la victime ; le rétablissement de la paix sociale.* » [2]. Partant, elle est compatible avec la vision de la lutte contre la criminalité à la française.

§2. Les missions de la justice restaurative

Par le dialogue qu'elle instaure, la justice restaurative modifie la perception de la peine et ses fonctions (A) et offre une nouvelle manière d'envisager la peine en matière d'inceste (B).

---

1. CARIO, Robert, *Justice restaurative. Principes et promesses*, L'Harmattan, 2005.

2. *Ibid.*

A. La fonction de la peine repensée

Selon le *Répertoire de droit pénal et de procédure pénale*, la peine a longtemps été pensée comme un fardeau pour le condamné. D'ailleurs, les auteurs d'une rubrique *Répertoire* soulignent que le mot « peine » vient du mot grec de « poids ». La peine doit être pesante pour faire réfléchir le condamné aux conséquences de ses actes [1]. En plus de la rétribution, la peine obéit également à des objectifs d'intimidation, d'élimination et d'amendement. Il s'agit là d'une volonté d'influencer l'avenir : éviter que l'auteur de l'infraction ne tombe de nouveau dans la délinquance, ou que d'autres personnes ne l'imitent. La fonction intimidatrice de la peine est tirée des écrits de Cesare Beccaria qui indique que « *le but des châtiments ne peut être [...] que d'empêcher le coupable de causer de nouveaux dommages à ses concitoyens et de dissuader les autres d'en commettre de semblables* » [2]. Plus qu'une simple fonction, la peine poursuit surtout un objectif d'utilité. Elle vise à être utile à la fois pour le condamné et pour le reste de la société [3]. Plus globalement, la justice restaurative, considère que la place de la victime doit être revalorisée, à l'instar de ce que prévoit la loi du 15 août 2014 qui, non seulement, instaure la justice restaurative dans le Code de procédure pénale, mais en plus prévoit que la fonction de la peine est désormais de « *[respecter] l'intérêt des victimes* » [4].

Dans *L'Esprit des lois*, Montesquieu préconisait une peine faible mais certaine, afin que les objectifs qui sont les siens puissent être remplis. Or, en matière d'inceste, c'est loin d'être le cas. Reprenons les statistiques. En 2018, d'après le Ministère de la Justice, les affaires de violences sexuelles sont classées sans suite dans plus de 7 cas sur 10. La cause invoquée est en majorité la

---

1. CERE, Jean-Paul, Ludivine Grégoire, *Répertoire de droit pénal et de procédure pénale. Peine : nature et prononcé*, juin 2020, Dalloz.

2. BECCARIA, Cesare, *Traité des délits et des peines*, 1764.

3. CERE, Jean-Paul, Ludivine Grégoire, *op. cit.*

4. CARIO, Robert. « La justice restaurative en France », *Tiers*, vol. 17, n°2, 2016, pp. 139-154.

qualification insuffisante des faits. Parmi les quelques cas restant, 86% des auteurs d'infractions qualifiées de viol sont présentés au juge d'instruction, 8% sont présentés devant le tribunal correctionnel et 6% devant le juge des enfants. Lorsqu'il y a une instruction, elle dure en moyenne vingt-neuf mois. 38% des mis en examen pour viol sont renvoyés devant une cour d'assises, 13% devant un tribunal pour enfants. Dans 15% des cas, le juge d'instruction prononce un non-lieu s'agissant de la qualification de viol et renvoie l'affaire devant un tribunal correctionnel après requalification. Il ne faut pas oublier, enfin, que 34% des mis en examen bénéficient d'un non-lieu total [1]. Il y a presque autant de non-lieux que d'affaires jugées devant les cours d'assises pour viol. C'est dire, à nouveau, la difficulté qu'ont les juges de prendre en charge ces affaires.

Il ressort de ces statistiques que l'auteur de l'infraction sexuelle a peu de chances d'être poursuivi pour ce qu'il a commis et, *a fortiori*, d'être condamné. Cette probabilité élevée d'impunité rappelle avec force vigueur la théorie des opportunités de Marcus Felson qui considère que la commission d'un crime nécessite la réunion de trois éléments : un délinquant potentiel, une cible convenable et une absence de gardien. [2] Il est aisé de voir ces éléments réunis concernant l'inceste. En effet, le délinquant potentiel est la personne qui profite de son autorité et de la domination qu'elle exerce sur un enfant qui constitue une cible convenable, facile d'atteinte en raison de sa vulnérabilité et malléabilité. Quant à l'absence de gardien, elle est garantie par le reste de la famille qui protège l'auteur. Comment, dès lors, condamner une personne protégée par l'omerta et la loi du silence ?

Par ailleurs, *quid* des tiers qui connaissent mais ne disent rien ? En matière d'abus sexuels dans l'Église, des prêtres qui

---

1. JUILLARD Marianne et TIMBART Odile, *Infostat Justice*, Bulletin d'information statistique n°160, Mars 2018, disponible sur : http://www.gip-recherche-justice.fr/.pdf.

2. FELSON Marcus et VAN DIJK Jan, « La théorie des opportunités et l'erreur de généralisation », *Criminologie*, vol. 26, n°2, 1993, disponible sur : https://www.erudit.org/fr/revues/crimino/.pdf.

n'ont pas agi pour faire cesser les agressions sexuelles sur mineurs ont été condamnés à de courtes peines d'emprisonnement. Par exemple, Monseigneur Fort a été condamné par le tribunal correctionnel du Loiret à huit mois d'emprisonnement avec sursis pour non-dénonciation de viols commis par le Père de Castelet [1]. Il apparait difficile de voir comment une peine aussi légère pour le délit de non-dénonciation remplit ses fonctions de dissuasion et de rétribution : un sursis pour non-dénonciation n'empêche pas un prêtre de pouvoir en couvrir d'autres.

La justice restaurative donne aux auteurs de ce délit la possibilité de comprendre les conséquences et répercussions de leur silence, grâce au dialogue. Dans le film de Jeanne Herry, le personnage incarné par Adèle Exarchopoulos reproche à la Justice de lui avoir imposé des mots. La Justice restaurative, en tant qu'elle responsabilise les acteurs, met de côté ce caractère automatique de la procédure judiciaire. Ceux qui choisissent d'avoir recours à cette forme de justice décident eux-mêmes des mots à poser sur leurs maux.

B. L'apport de la justice restaurative dans la lutte contre le silence de l'inceste

Thérèse de Villette constate les limites de la justice pénale face à la souffrance des victimes, de l'auteur et de leur entourage. En effet, elle considère que le mot « pénal », référant à la peine, implique de punir l'auteur d'un mal. Le droit pénal, sous couvert de Justice, ne serait qu'une banale application de la Loi du Talion. [2] Certes, le juge dispose d'un large éventail de peines afin de respecter le principe d'individualisation. Parmi les solutions à sa portée, il y a l'éloignement de l'auteur du reste de la famille.

---

1. https://www.francetvinfo.fr/societe/religion/pedophilie-de-l-eglise/un-sursis-pour-non-denonciation.html.

2. DE VILLETTE, Thérèse, « La justice restaurative : une voie de résilience pour auteurs et victimes d'actes pédophiles », *Revue d'éthique et de théologie morale*, vol. 306, n°2, 2020, pp. 111-120.

Thérèse de Villette ne manque d'ailleurs pas de noter que les victimes clament que « Justice est faite » lorsqu'une telle sanction est prononcée ; mais si la Justice est rendue et le danger (provisoirement) écarté, il n'en demeure pas moins que le ressentiment et le désir de vengeance continuent de ronger les protagonistes. La victime demeure seule avec son ressentiment, sa haine et sa souffrance qui n'ont pas été prises en compte correctement durant la procédure judiciaire. Quant à l'auteur, il est isolé, ne disposant pas d'outils lui permettant ensuite de réintroduire la Société, alors qu'il s'agit pourtant de l'un des objectifs de la peine. Thérèse de Villette souligne l'existence, au Canada, d'un véritable accompagnement psychologique des auteurs d'infractions sexuelles. Cela prévient davantage la récidive que l'isolement pur et simple dans lequel sont plongés les détenus français. « *La justice restaurative propose une tout autre voie* » [1].

Tout d'abord, la justice restaurative prend son temps. Si l'on reprend l'exemple des rencontres détenus-victimes, il s'agit de réunir de manière hebdomadaire, durant cinq semaines, quatre à cinq auteurs et autant de victimes d'une même infraction, sans que ces personnes ne soient liées entre elles. Pour que ces rencontres aient potentiellement lieu, des entretiens personnalisés sont organisés au bénéfice de chaque personne détenue et chaque personne victime. Il s'agit de bien s'assurer que les acteurs principaux sont d'accord pour que le processus soit mené à son terme. Dans le même sens, afin de s'assurer la confiance de chacun, une stricte confidentialité est respectée. Une fois ces entretiens réalisés, la première rencontre a lieu sous le regard de deux encadrants qui ont pour rôle de faciliter la circulation de la parole. Chaque rencontre dure trois heures entrecoupée d'une pause. Le dialogue entre les participants porte sur les répercussions du crime, les ressentis, les émotions qui perdurent après le procès pénal. Ce dernier n'a effectivement envisagé que le passé de la faute en prononçant une sanction pour l'un en fixant l'indemnisation des dommages (au sens large) pour l'autre. La justice restaurative envisage bien plus pertinemment l'avenir des personnes. Les

1. *Ibid.*

échanges doivent être respectueux de la dignité de chacun et excluent tout jugement.

Dès lors, la justice restaurative a toute sa place en matière d'inceste pour restaurer la dignité des victimes et éviter un nouveau passage à l'acte de la part de l'auteur. De surcroît, l'une des modalités de la justice restaurative permet aux victimes d'y avoir recours lors même que les faits sont prescrits ou qu'elles refusent d'agir au pénal. La possibilité de voir les faits reconnus, de demander des explications dans un cadre sécurisé et sécurisant, en présence des animateurs, en dehors de la lourde procédure judiciaire conduit plus sûrement à leur restauration. Contrairement à cette dernière, la justice restaurative s'inscrit une démarche volontaire de la part des deux acteurs qui peuvent néanmoins quitter le dispositif à tout moment.

La parole libère tant les auteurs que les victimes. Thérèse de Villette évoque un homme qui témoignait désormais publiquement « *à la fois du mal commis sur ses deux petites filles et de la force qui l'habitait depuis les rencontres pour encourager les abuseurs à s'en sortir* » [1]. Quant aux membres de la famille qui n'ont jamais dénoncé, la justice restaurative instaure un cadre permettant un nouveau dialogue entre eux et la victime. Catherine Ducommun-Nagy explique que des parents peuvent avoir un comportement abusif envers leurs enfants… sans s'en rendre compte [2]. Par exemple, concernant l'inceste, des parents le dissimuleront pour préserver l'honneur familial. Cette raison leur parait plus importante que le mal-être de l'enfant victime. La justice restaurative offre ainsi un cadre pour que ces parents comprennent les ravages de l'inceste et de son silence sur l'enfant, même si les faits ne sont ni poursuivis ni prescrits. Partant, en tous points, la justice restaurative doit être développée en matière d'inceste.

---

1. *Ibid.*

2. DUCOMMUN-NAGY, Catherine, *Ces loyautés qui nous libèrent*, JCLattès, 2006.

§3. La justice restaurative en France

A la suite de la première expérimentation de RDV au sein de la maison centrale de Poissy, la loi du 15 août 2014 a introduit la justice restaurative dans le Code de procédure pénale français. Elle est désormais prévue par l'article 10-1 dont le premier alinéa indique que la victime et l'auteur peuvent y avoir recours « *à tous les stades de la procédure* », dans toute procédure pénale, y compris lors de l'exécution des peines, « *sous réserve que les faits aient été reconnus* ». La parole est donc un préalable indispensable à la mise en place de cette mesure. Cette reconnaissance des faits doit être librement effectuée et permet déjà de restaurer la victime dans sa dignité. L'auteur admet qu'il est coupable d'un fait qui a causé un dommage à une personne, une victime.

Entre 2017 et 2020, le cadre de la justice restaurative s'est à la fois précisé et étendu. Précisé parce que la circulaire du 15 mars 2017 a confirmé les cinq conditions d'application nécessaires à la justice restaurative, à savoir la reconnaissance préalable des faits (même partielle), le caractère volontaire de la participation à un dispositif restauratif, l'information complète sur le processus, la présence d'un animateur indépendant et impartial et la confidentialité des échanges. Par l'ordonnance du 11 septembre 2019, les auteurs mineurs se sont vu ouvrir cette possibilité désormais inscrite à l'article L.13-4 du Code de la Justice pénale des mineurs. Les décrets du 21 décembre 2020, 23 novembre 2021, enfin, ont ajouté un article D.1-1-1 dans le Code de procédure pénale qui confirme que les ateliers restauratifs leur sont ouverts à tous les stades de la procédure. [1]

Concernant les mineurs, alors que la loi de 2014 leur était déjà applicable, une expérimentation menée en 2018 à l'échelle nationale par la protection judiciaire de la jeunesse (PJJ) a constaté des effets positifs tant pour les infracteurs mineurs que pour les personnes victimes. En effet, l'implication des auteurs « *renforce la conscientisation, la responsabilisation* » [2] ; les victimes se

---

1. CARIO, Robert. « Justice restaurative : principes et promesses », *op. cit.*

2. https://www.justice.gouv.fr/actualites/actualite/justice-mineurs-guide-justice-restaurative.

voient ainsi donné le pouvoir d'agir pour « *[sortir] du traumatisme causé par l'infraction* » [1]. Il ne faut pas non plus oublier les professionnels de la justice des mineurs qui peuvent ainsi participer à réintégrer la victime dans sa famille, « *en dehors des injonctions liées au Code pénal* » [2]. La justice restaurative participe, en tout état de cause, d'une démarche pluridisciplinaire et pluri-partenariale, en dehors du cadre tout-répressif, ce qui semble particulièrement approprié en matière d'inceste, comme nous avons tenté de le démontrer jusque-là.

Qui dit consécration de la justice restaurative par la loi dit aussi formation des tiers indépendants et impartiaux qui reçoivent le consentement des acteurs et encadrent les ateliers de préparation et animent les rencontres. Robert Cario l'indique formellement : « *Une telle formation ne s'improvise pas* » [3]. En effet, il est indispensable que ces personnes soient dotées de connaissances en matière d'écoute attentive (et non d'écoute active), d'accueil de la parole, d'entretien, d'animation de groupe et sur les protocoles restauratifs eux-mêmes. Il convient que ce tiers animateur soit pluri-partial, non suggestif afin que les participants puissent lui accorder leur confiance. Totalement gratuite, la participation à une mesure restaurative n'offre aucun aménagement de peine à l'auteur, aucune indemnisation supplémentaire à la victime. Il importe encore de souligner que le financement de la justice restaurative, très insuffisant aujourd'hui, ne saurait constituer un obstacle à sa mise en œuvre. Quoi qu'il en soit, la justice restaurative se développe incontestablement dans notre pays, y compris en matière d'infractions sexuelles sur mineurs et plus spécifiquement d'inceste.

---

1. *Ibid.*

2. *Ibid.*

3. CARIO, Robert. « La justice restaurative en France », *Tiers*, *op. cit.*

Section 2. Les utilisations de la justice restaurative en matière de pédocriminalité

La CIASE a eu recours à la justice restaurative dans son processus d'indemnisation des victimes (§1). Il peut également s'agir d'une mesure recourant aux défaillances de la Justice étatique (§2) qui, en tant qu'elle est prévue par la loi, peut constituer une voie pour redonner confiance en la Justice (§3).

§1. Le recours encouragé à la justice restaurative par la CIASE

La CIASE visait à étudier les violences sexuelles dans l'Église dans une démarche pluridisciplinaire. Elle était divisée en quatre groupes de travail : le premier était consacré aux questions théologiques, le deuxième a étudié l'articulation entre droit canonique et droit étatique, le troisième s'est interrogé sur les sanctions à appliquer et le quatrième a évalué les mesures qu'a tenté de prendre l'Église depuis 2000 [1]. En plus de cette méthodologie holistique, la CIASE entendait mettre la victime au cœur de son travail. Cela apparaissait nécessaire, non seulement pour leur reconstruction personnelle, mais aussi parce que c'est grâce à elle que les faits sont révélés. Les mettre de côté dans le travail sur les causes et répercussions des violences sexuelles dans l'Église n'aurait alors eu aucun sens, surtout lorsqu'il est question d'une institution qui se vante d'aider les plus vulnérables et les plus pauvres.

La CIASE est arrivée à plusieurs conclusions. Tout d'abord, elle a relevé que les violences sexuelles avaient un caractère systémique dû à la sacralité qui entoure la figure du prêtre qui serait un être humain différent des autres, alors que tant les Évangiles que les textes internationaux consacrent le principe « *d'égale dignité des personnes humaines* » [2]. Ensuite, la structure pyrami-

---

1 LAZERGES, Christine, « Chronique de politique criminelle », *Revue de science criminelle et de droit pénal comparé*, vol. 1, n°1, 2022, pp. 141-153.

2 *Ibid.*

dale de l'Église catholique a créé un petit monde à part dans lequel manquent autant les femmes que les laïcs. Il convient dès lors, selon la CIASE, de diversifier les membres des structures de gouvernance de l'Église catholique, afin de mélanger des points de vue et d'éviter cette inter-protection des prêtres et des évêques en matière, notamment, de violences sexuelles dans l'Église. Enfin, elle souligne les défaillances du droit pénal canonique qui oublie la victime et les droits de la défense et ne nomme pas les violences sexuelles. [1]

Le caractère systémique des violences sexuelles dans l'Église se retrouve dans les familles à l'égard de l'inceste. La sacralisation d'un parent, une omerta entre les adultes qui préfèrent se protéger entre eux plutôt que l'enfant victime et la place prépondérante de la loi familiale sur la loi étatique sont autant d'éléments que l'on retrouve dans les deux cas. C'est pourquoi les solutions données par la CIASE pour limiter les violences sexuelles dans l'Église et réparer les victimes sont des exemples à suivre en matière d'inceste.

Parmi les remarques et recommandations de la CIASE figure la justice restaurative. Toutefois, la forme préconisée diffère quelque peu de la vision classique de la justice restaurative. Le processus de restauration passe d'abord par la reconnaissance de l'Église de sa responsabilité *via* la dénomination exacte des faits qui, jusqu'alors, étaient qualifiés de « *offense à la chasteté* ». Selon la CIASE, cette qualification se concentre sur les auteurs et empêche une prise en compte des conséquences et répercussions des violences sexuelles sur les victimes, favorisant également le secret autour de ces actes. Par ailleurs, cette « *offense à la chasteté* » mélange tant les agressions sexuelles (sur mineurs) que la masturbation et le proxénétisme. Or, aucun de ces actes ne produit les mêmes conséquences et répercussions sur les victimes. Partant, il y avait, dans cette dénomination, une relativisation des

1. *Ibid.*

violences sexuelles « *qui se trouvent réduites à la transgression d'une règle morale de l'Église* » [1].

La CIASE a également tenté de mettre en place un processus indemnitaire qui prendrait en compte tant la victime directe que ses proches, étant entendu que ces derniers ont également subi les conséquences des violences. Cette indemnisation est évidemment symbolique, une somme d'argent ne pouvant réparer la victime. C'est pourquoi la CIASE a indiqué, dans sa recommandation n°32, qu'une médiation entre des auteurs, des victimes et les représentants des institutions dont sont issus les agresseurs aiderait la victime à se reconstruire. Audrey Darsonville, professeur de droit ayant notamment été auditionnée par la CIASE, remarque que cette volonté d'instaurer une telle médiation a été respectée : en novembre 2021, soit un mois après le rendu des conclusions de la CIASE, une Commission indépendante Reconnaissance et Réparation (CRR) a été créée par la Conférence des religieux et religieuses de France. [2]

La restauration des victimes par le biais de ces médiations a également été motivée par la conscience aigüe de la douleur causée à une victime par le procès pénal tout en reconnaissant, en tout état de cause, la prééminence du droit étatique sur le droit canonique, afin d'éviter qu'une telle médiation ne mène à une nouvelle tentative d'emprise de la part de l'auteur sur la victime. [3]

§2. La justice restaurative au secours des défaillances de l'institution judiciaire

Ce chiffre a été rappelé plusieurs fois : seul 1% des plaintes pour viol aboutit à une condamnation. Et encore, cela suppose

1. Les violences sexuelles dans l'Église catholique : France 1950-2020, rapport de la Commission indépendante sur les abus sexuels dans l'Église, 2021, p. 300.

2. DARSONVILLE, Audrey, « ''Dissiper les ténèbres'', Une proposition de justice restaurative », *Revue du droit des religions*, n°15, 2023.

3. *Ibid.*

qu'une plainte ait été déposée par la victime qui peut avoir honte de se rendre au commissariat, craindre de ne pas être crue et, surtout, être terrifiée devant la lourdeur de la procédure judiciaire. Participer au mouvement de la Justice implique du temps, de l'énergie et des moyens. Un avocat se fait en moyenne rémunérer entre 100 et 300 € de l'heure. Lorsqu'une procédure s'étale sur plusieurs années, la facture monte très vite. Karl Zéro, dans son documentaire « 1 sur 5 », rapporte cette difficulté et insiste sur un « *désengagement de l'État* » à l'égard de la lutte contre les violences faites aux enfants [1].

L'État tente néanmoins d'agir avec l'introduction du mot « inceste » dans le Code pénal, même si cette loi demeure insuffisante. Plus récemment, en septembre 2023, la Secrétaire d'État chargée de l'Enfance, Charlotte Caubel, a présenté un spot publicitaire sur l'inceste pour tenter de lutter contre le silence de l'inceste. Ce n'est pas une nouveauté, l'association Face à l'Inceste avait déjà réalisé un court-métrage glaçant de 2 :06 minutes en 2018. Glaçant, parce que la Justice est représentée sous la forme d'un monstre, parce que son inaction est pointée du doigt, parce qu'elle demande à l'enfant de prouver qu'il n'a pas dit non et qu'elle laisse le parent incesteur continuer à agresser l'enfant toutes les nuits [2]. Protéger les enfants ne semble pas très important aux yeux du Gouvernement alors que les enfants ayant été agressés reproduisent souvent ce même schéma de violences intimes. De surcroit, le manque d'investissement du Gouvernement dans la lutte contre l'inceste se perçoit dans le rapport de clôture de la CIIVISE en date du 17 novembre 2023. Elle rappelle que l'enquête *Freins et levers de la justice restaurative*, commandée par le ministère de la Justice en 2014, considérait que les infractions sexuelles se prêtent peu à la justice restaurative. Cette réserve a de nouveau été soulevée en 2020 dans le *Guide méthodologique de la Justice restaurative* du ministère. [3] Il convient par

1. ZERO, Karl, « 1 sur 5 », 2021, https://youtu.be/1_sur_5.

2. Face à l'Inceste, « Il y a deux cauchemars dans mon histoire », 2018.

3. CIIVISE, Rapport final, *op. cit.*, 481.

ailleurs de rappeler que la justice restaurative fut également déconseillée en matière de violences intrafamiliales par la circulaire du 15 mars 2017 (simplement interprétative des dispositions de l'article 10-1 du Code de procédure pénale)) en ce qu'elle pourrait avoir des conséquences sur le déroulé des débats à venir dans le cadre du procès. L'emprise de l'auteur sur la victime est, à cet égard, largement pointée du doigt par la CIIVISE qui en craint un renforcement. [1]

Les membres de la commission considèrent, de surcroit, que l'égalité dans laquelle la justice restaurative place la personne auteur et la personne victime constitue une « *position insupportable* » [2]. En effet, ils estiment qu'il est incohérent de partir du principe que la vie même de l'auteur a été douloureuse revient à nier la douleur de la victime qui a été heurtée dans son humanité. Faire resurgir l'humanité de l'auteur ne peut se faire au détriment de celle de la victime. Or, pour les auteurs du rapport, c'est ce que la justice restaurative produit. Ceux-ci soulignent aussi que la justice restaurative revient à forcer la victime à pardonner à son agresseur, ce pardon étant « *l'étape ultime de la libération de la victime* » [3].

Les réticences de la CIIVISE ne s'arrêtent pas là, puisqu'elle soulève un manque de formation des professionnels concernant la prise en charge d'agressions sexuelles sur mineurs, une potentielle réactivation du trauma des victimes et une inefficacité de la mesure. En tout état de cause, la justice restaurative est vue, par la CIIVISE, comme une forme de déni de justice qui relègue les violences dans la sphère privée, tout en étant encore centrée sur la personne de l'auteur et non sur celle de la victime.

Pourtant, face au silence de la loi, de la justice et des personnes qui devraient avoir pour seule priorité la protection des enfants, la justice restaurative apparait comme un recours nécessaire. En effet, tant la possibilité qu'elle offre de créer un dialogue entre des auteurs et des victimes d'une même infraction

---

1. *Ibid.*, p. 485.
2. *Ibid.*, p. 482.
3. *Ibid.*, p.484.

que sa souplesse permettent à la victime de se reconstruire. A l'inverse de la procédure judiciaire, la justice restaurative responsabilise l'auteur et rend à la personne victime sa dignité favorisant une (ré)humanisation de chacun des protagonistes, selon l'expression de Robert Cario [1].

Stéphane Joulain évoque ce qui anime les victimes d'agressions sexuelles : l'espérance [2]. L'espérance de se reconstruire, l'espérance d'être crue et d'être réintégrée dans leur famille et dans leurs communautés. La procédure judiciaire anéantit cette espérance non seulement à cause de sa rigueur mais surtout parce qu'elle ne s'intéresse qu'imparfaitement aux souffrances personnelles qui perdurent après la décision judiciaire. La procédure pénale ne prévoit aucune place ç la victime, mettant sans cesse sa parole en doute. La campagne de « Face à l'Inceste » est en cela particulièrement pertinente : les acteurs de la justice, représentés comme des êtres monstrueux, vêtus de noir, ayant en principe pour mission de chasser les agresseurs. Au lieu de cela, ils remettent en cause la parole et le vécu de la victime d'inceste. Alors que si une personne est soupçonnée d'avoir commis une infraction, des doutes devraient peser sur sa parole. Ce n'est pas la philosophie de notre procédure pénale qui fait peser la charge de la preuve sur la victime.

Dans le cadre de la justice restaurative, il n'est pas question d'apporter des éléments à charge ou à décharge contre une personne, mais de mettre les participants en mesure d'échanger sur les répercussions du crime. Là où la Justice pénale actuelle crée une forme de hiérarchie entre la parole de l'accusé et celle de la victime, la justice restaurative les reçoit de la même façon. La discussion est, en ce sens, plus fluide, plus douce, plus respectueuse de la parole et du vécu des autres participants. La présence des membres de la communauté, qui ne sont pas là pour juger

---

1. SENON Jean-Louis, LOPEZ Gérard, CARIO Robert et al., *Psychocriminologie. Clinique, prise en charge, expertise*, Dunod, 2008.

2. JOULAIN, Stéphane, « La parole contre les abus », *op. cit.*

mais simplement pour écouter, entendre, accompagner et encourager la parole, a quelque chose de rassurant.

Dans son ouvrage *Pardon*, Eve Ensler fait parler son père, décédé, qui a abusé d'elle quand elle était enfant. Elle lui donne ainsi la possibilité de s'expliquer, de lui demander pardon aussi, pourquoi pas. N'ayant pas eu l'occasion de discuter de tout cela avec lui, elle s'est trouvée contrainte d'user de son imagination pour mettre des mots dans la bouche de son père. Parce qu'on y revient sans cesse : il est indispensable de mettre des mots sur des maux. « *Au travers de cette lettre, j'entends essayer de doter mon père de la volonté et des mots du repentir, de façon que je puisse enfin être libre.* » [1]. Elle ne manque toutefois pas d'empathie, puisqu'elle donne même des sentiments à son père en lui faisant dire « merci » et « pardon ». Il demande merci de l'avoir fait revivre. *In fine*, c'est comme si elle l'humanisait, en voulant se souvenir de lui, comme si elle lui rendait une forme de dignité.

§3. La justice restaurative au service d'une confiance accrue dans la justice pour les victimes d'inceste

La procédure judiciaire pénale a pour objectif d'appliquer une punition à l'auteur de l'infraction, peu importe qu'il ait reconnu, ou non, les faits, alors qu'il s'agit de la première condition de la mise en marche de la justice restaurative.

Les deux formes de justice sont ainsi diamétralement opposées l'une par rapport à l'autre. Pourtant, la seconde complète les insuffisances notoires de la première. De là à penser que la justice restaurative peut redonner confiance dans la justice pénale, il semble toutefois y avoir un monde.

Il convient de rappeler qu'en étant instituée par la loi, la justice restaurative a acquis une vraie légitimité auprès des citoyens. Le développement des écrits et des œuvres d'art autour d'elle a accru cette légitimité et sa renommée auprès des justiciables. Elle constitue une voie ouverte pendant, après et même avant toute

1. ENSLER, Eve, *Pardon*, *op. cit.*

tentative d'introduction de l'action publique. Elle permet, encore, aux protagonistes de se rencontrer dans un espace de dialogue sécurisé alors même que les faits sont prescrits. Les mesures de justice restaurative ont aussi l'avantage d'être entièrement confidentielles, du début à la fin du processus. A l'inverse, la procédure pénale obéit, hormis la phase d'instruction, aux principes d'oralité des débats, du contradictoire et de publicité [1].

Cependant, si cette publicité est dangereuse pour l'ordre public ou les mœurs, la cour d'assises peut déclarer le huis clos. L'article 306 du Code de procédure pénale précise également qu'il est de droit lorsque l'accusé est poursuivi « *du chef de viol ou de tortures et actes de barbarie accompagnés d'agressions sexuelles* » [2]. Devant le tribunal correctionnel, le huis clos est ordonné si « *la publicité est dangereuse pour l'ordre, la sérénité des débats, la dignité de la personne ou les intérêts d'un tiers* » [3]. En matière de justice restaurative la confidentialité crée un climat de confiance.

Il s'agit d'une branche de la justice qui agit là où la procédure pénale est impuissante, c'est-à-dire sur la réparation des répercussions psychologiques des victimes. La justice restaurative part du principe que la réparation pécuniaire ne suffit pas à guérir une personne. Robert Cario écrit : « *la réparation doit être globale, intégrale et effective* » [4] . En prévoyant ces modes de réparation intégrale de la victime, le législateur montre qu'il prend en compte la souffrance des victimes. A cet égard, rassembler les mesures restauratives sous le nom de « justice » est loin d'être anodin. Il s'agit bien de rendre justice aux protagonistes : personnes auteurs, personnes victimes et leurs proches. Si la justice pénale est rendue au nom de la Société, la justice restaurative se développe sur une plus petite échelle, plus personnalisée, favori-

---

1. Art. 400 et s. CPP.
2. Art. 306 al.2 CPP.
3. Art. 400 al. 2 CPP.
4. CARIO, Robert, « Justice restaurative », *Rép. pén.*, Dalloz, 2010, n°212.

sant aussi la réintégration des participants au sein de leurs communautés. Dans ces conditions, elle retisse le lien social causé par l'infraction.

D'après un sondage réalisé par le Sénat en 2021, seuls 9% des Français estiment que la Justice est impartiale, juste et équitable. 4% sont satisfaits des décisions qu'elle prend. 20% l'estiment laxiste et 33% la qualifient de lourde et lente. [1] Face à ce constat, force est de constater que la justice pénale ne peut pas tout. Pour renforcer la confiance qu'ont les citoyens en elle, il conviendrait qu'elle admette, par des évaluations scientifiques, ses faiblesses.

La sociologie du droit s'intéresse à la place de la loi dans une Société donnée. Or, en démocratie, les victimes demandent à prendre plus de place pour être entendues, pour guérir et, potentiellement, réduire le nombre d'infractions. Il en va de même concernant les personnes auteurs trop souvent réduites à l'acte commis. En tant qu'elle peut être offerte à tous les stades de la procédure, *a minima*, par les acteurs de la chaîne pénale, la justice restaurative crée un espace de dialogue inédit dans le système de justice pénale actuel.

---

1. Sénat, « Le rapport des Français à la Justice », Septembre 2021, disponible sur : https://www.senat.fr/Rapport_complet_CSA.pdf.

Conclusion

Pourquoi le silence de l'inceste est-il la norme, et la dénonciation l'exception ?

Sociologiquement, l'inceste constitue un tabou qui, au lieu d'empêcher la réalisation de l'acte, a bridé la parole. Il s'agit d'un acte impur qui, lorsqu'il se réalise, ne doit être dénoncé au risque de mettre la personne qui le dénonce et son entourage dans l'embarras. La famille tente de sauver les apparences : la tare et la faiblesse que constitue l'inceste doivent demeurer cachées.

Du point de vue de la psychologie, le syndrome de stress post-traumatique et sa détection difficile empêchent la victime de parler de ce qu'elle a subi. Par ailleurs, l'inceste constitue un acte de domination intégré par la victime, mineure, qui comprend les actes incestueux comme une partie de son éducation.

Enfin, le droit peine à s'introduire dans l'intimité des familles et la preuve apparait difficile à rapporter. L'extension des délais de prescription va dans le sens de l'accueil de la parole des victimes mais se heurte au problème probatoire. Par ailleurs, la procédure judiciaire apparait, au mieux longue et ardue pour la victime, au pire inutile en raison du (trop) grand nombre de non-lieux prononcés en matière d'agressions sexuelles.

De sorte qu'en 2023, l'inceste peine à sortir de sa bulle de silence, alors que l'on connait ses conséquences et répercussions désastreuses, tant sur la victime que sur son entourage. Prohibition de l'inceste ne devrait pas rimer avec silenciation, pour reprendre un mot utilisé par la CIIVISE. Pourtant, c'est ce qu'il se passe puisque l'inceste est entouré d'une aura de honte et de souillure avec laquelle l'entourage de la victime ne veut pas traiter, préférant demeurer aveugle et sourd à la souffrance de cette dernière. A l'instar d'Œdipe, la famille refuse de voir les conséquences de cette inaction.

L'inceste commis sur un enfant constitue une trahison : l'enfant fait confiance à ses parents qui sont censés l'éduquer et le protéger. Quant à l'inceste commis entre adultes, il constitue une aberration d'un point de vue sociologique. Pourtant, la loi le permet, causant une distorsion néfaste entre ce qu'elle autorise et la nécessaire exogamie. Permettre l'union de cousins est d'ailleurs d'autant plus incohérent que ces derniers peuvent se connaitre depuis leur enfance et qu'il est difficile de vérifier, comme le souligne Illel Kieser el Baz, que l'un n'a pas pris l'ascendant sur l'autre. La preuve, toutefois, demeure difficile à apporter : dans une famille, les relations sont saines par principe. Il serait ridicule de penser autrement en raison des liens et de l'attachement qui nous unissent à notre famille et nous poussent à leur accorder notre confiance !

L'inceste est un secret de Polichinelle, une situation que tout le monde connait mais dont personne ne veut parler. Jusqu'à récemment. Le mouvement #MeToo, la Commission sur les abus sexuels dans l'Église, *La Familia Grande* ont été autant d'éléments permettant de mettre des mots sur la réalité des violences sexuelles sur mineurs et de comprendre qu'elle constitue une épidémie. La Commission indépendante sur l'Inceste s'inscrit dans ce mouvement de « mettre des mots sur les maux » et a tenté de trouver des solutions. Pour la CIIVISE, l'éducation doit primer, ainsi qu'une évolution du système juridique concernant le traitement des mineurs dans les audiences.

Il est bien beau de dire qu'il faut éduquer les enfants à parler. Il convient également de former correctement les acteurs de l'institution judiciaire, de mettre en place un accompagnement pluridisciplinaire pour les victimes d'inceste et de développer, quoiqu'en pense la CIIVISE, des dispositifs de justice restaurative en la matière. La criminologie se divise en une multitude de branches, parmi lesquelles figure la victimologie. Des formations à cette discipline ont lieu dans les commissariats et gendarmeries, afin d'aider les personnes qui recueillent les plaintes à écouter correctement les victimes. Si « *la protection des victimes n'attend pas* » [1], il faudra nécessairement du temps avant que la manière d'accueillir une victime change.

Briser le silence de l'inceste implique d'informer les victimes qu'elles ont le droit de parler, que ce qu'elles ont subi constitue une infraction pour laquelle l'auteur peut être jugé et condamné. Cela implique également un travail d'information et d'éducation des familles concernant la honte que constitue l'inceste : la seule personne qui devrait avoir honte est l'auteur, pas la victime. L'éducation des familles nécessite donc, aussi, de leur apprendre à écouter les enfants, leurs douleurs, même si celles-ci sont dues à une personne, apparemment, de confiance.

L'inceste touchant tous les milieux, les médias jouent un rôle majeur. En faisant de la publicité pour les témoignages de victimes, en réalisant des reportages dans des commissariats sur le recueil de la parole des victimes, ils permettent à leurs lecteurs, auditeurs ou téléspectateurs de remettre en question certains choix concernant le silence gardé sur une situation de violences sur mineurs. Attention toutefois au misérabilisme et au pathos qui pourraient laisser penser que l'inceste ne constitue qu'un fait divers qui aurait simplement vocation à augmenter les audiences. L'inceste ne doit pas être instrumentalisé. A cet égard, les médias doivent souligner que l'inceste est mieux dénoncé aujourd'hui, *via* la procédure judiciaire ou non, d'où une impression de l'augmentation des chiffres sur le phénomène. La lucidité sur ce point met à la fois en avant que l'inceste n'est pas nouveau et la nécessité d'en parler ! Il est d'ailleurs d'autant plus fondamental de briser le silence de l'inceste que cela permet de libérer les victimes, d'éviter une ostracisation et d'éviter une reproduction du schéma criminel.

En tout état de cause, une démarche pluridisciplinaire est nécessaire concernant l'inceste. Le droit ne peut pas tout, les procès ne permettront pas aux victimes de guérir de leurs traumatismes mais ils permettent de leur reconnaitre un statut, celui de victime. Dans l'hypothèse où un procès n'est plus possible, la personne

1. https://www.ciivise.fr/wp-content/uploads/2022/03/CCl-inter_2803_compressed.pdf.

victime peut toujours être reconnue comme telle grâce aux différents dispositifs restauratifs existants.

Il s'agit d'un statut dont il ne faut pas avoir honte. Il rend digne l'individu auquel il est reconnu et lui restitue la qualité de personne.

Bibliographie sélective

Livres

ANCIBURE Francis et GALAN-ANCIBURE Marivi , *La pédophilie. Comprendre pour réagir* : Dunod, 2009.

ANCELIN SCHÜTZENBERGER, Anne, *Psychogénéalogie : Guérir les blessures familiales et se retrouver soi* : Payot et Rivages, 2007.

ANOUILH, Jean, *Antigone* : La table Ronde, 2016.

d'AQUIN Thomas, *Somme Théologique* : Paris, Éditions du Cerf, 1985.

AYOUN Patrick et ROMANO Hélène, *Inceste, lorsque les mères ne protègent pas leur enfant* : Érès, [en ligne], 2013 (Consulté le 20 juin 2023 sur : https://www-cairn-info.proxybib-pp.cnam.fr/inceste-lorsque-les-meres-ne-protegent-pas--9782749239002.htm).

BACOT, Valérie, *Tout le monde savait* : Fayard, 2021.

BILHERAN Ariane et LAFARGUE Amandine, *Psychopathologie de la pédophilie. Identifier, prévenir, prendre en charge* : Dunod, 2021.

BODIOU Lydie, CHAUVAUD Frédéric, et Marie-José GRIHOM, *Les violences en famille. Histoire et actualités* : Hermann, 2020.

BONARDEL Yves, *La domination adulte. L'oppression des mineurs* : Myriadis, 2015.

BREY Iris et Juliet Drouar, *La Culture de l'inceste* : Seuil, 2022.

CARBONNIER, Jean, *Essai sur les lois* : Répertoire du notariat Defrénois, 1995.

CARIO, Robert, *La Justice restaurative en France. Une utopie créatrice et rationnelle* : L'Harmattan, 2020.

CARIO, Robert, *Les femmes résistent au crime* : L'Harmattan, 1997.

CASTRO, Dana. *Incestes* : L'Esprit du temps, 1995.

CLAVIER, Bruno, *L'inceste ne fait pas de bruit. Des violences sexuelles et des moyens d'en guérir* : Payot, Coll. Essais, 2021.

DALLIGAN, Liliane, *L'enfant et le diable* : L'archipel, 2004.

DOLLO Christine, ALPE Yves, LAMBERT Jean-Renaud et PARAYRE Sandrine, *Lexique de sociologie juridique* : Dalloz, Coll. Lexiques, 2020.

DUSSY, Dorothée, *Le Berceau des dominations. Anthropologie de l'inceste* : Pocket, 2021.

ENSLER, Eve, *Pardon* : Delanoë, 2020.

GAFFIOT, Félix, *Dictionnaire latin-français* : Hachette, 1934.

GAILLARD, Nicolas, *Les illusions de la psychogénéalogie. Nos ancêtres ont bon dos !* : Mardaga, 2022.

GARAPON Antoine et SALAS Denis, *Les nouvelles sorcières de Salem. Leçons d'Outreau* : Broché, 2006.

GUERRAOUI Zohra et REVEYRAND-COULON Odile, *Pourquoi l'interdit ?* : Érès, 2006.

HAESEVOETS, Yves-Hiram, VAN GIJSEGHEM Hubert, et JAFFE Philip D., *L'enfant victime d'inceste. De la séduction traumatique à la violence sexuelle* : De Boeck Supérieur, 2015.

HERITIER-AUGE, Françoise, *De l'inceste* : Odile Jacob, 1994.

HIRIGOYEN, Marie-France, *Le harcèlement moral. La violence perverse au quotidien* : La Découverte, 2003.

JEAN, Patric, *La loi des Pères* : Éditions du Rocher, 2020.

KIESER EL BAZ, Illel, *Inceste et pédocriminalité : crimes contre l'humanité* : Broché, 2019.

KOUCHNER, Camille, *La Familia Grande* : Seuil, 2021.

LE CAISNE, Léonore, *Un inceste ordinaire. Et pourtant tout le monde savait* : Point, 2022.

LIPPI Silvia, *Transgressions. Bataille, Lacan* : Érès, « Point Hors Ligne », [en ligne] 2008. (Consulté le 04/03/2023 sur : https://www-cairn-info.proxybib-pp.cnam.fr/transgressions--9782749209753.htm)

LOPEZ, Gérard, *Traiter les psychotraumatismes* : Dunod, 2020.

MALINOWSKI, Bronislaw, article « Anthropology », *Encyclopedia Britannica*, 1936.

MARTIN, G.R.R., *Game of Throne. A Song of Ice and fire*: Harper Collins, 2011.

MILLER, Alice, *L'enfant sous terreur, l'ignorance de l'adulte et son prix* : Flammarion, 1986.

OVIDE, *Les Métamorphoses* : Gallimard, 1992.

PARAT, Hélène, *L'inceste* : Presses Universitaires de France, 2004.

PERRAULT, Charles, *Contes choisis* : Gallimard Jeunesse, 2009.

PERRON Roger et PERRON-BORELLI Michèle, *Le complexe d'Œdipe* : Presses Universitaires de France, 2016.

PIERSON-BERTHIER, Myriam, *Le bébé maltraité se tait, mais il parle ! Signes cliniques et autobiographiques du bébé et du jeune enfant, victimes de violences sexuelles*, Dunod, 2022.

PORCEL, Florence, *Honte* : JCLattès, La Grenade, 2023.

PUDLOWSKI, Charlotte, *Ou peut-être une nuit*, Grasset : 2021.

RONAI Ernestine et DURAND Édouard, *Violences sexuelles. En finir avec l'impunité* : Dunod, 2021

DE SADE, Donation Alphonse François, *La Philosophie dans le boudoir ou les instituteurs immoraux* : Gallimard/Flammarion, 2007.

SALAS, Denis, *Le déni du viol* : Michalon, 2023.

SALAS Denis et GARAPON Antoine, *Les nouvelles sorcières de Salem. Les leçons d'Outreau* : Broché, 2006.

SOPHOCLE, *Œdipe Roi* : LGF, 1994.

SOPHOCLE, *Œdipe à Colonne* : Théâtrales Eds, 1989.

SPRINGORA, Vanessa, *Le Consentement* : Grasset, 2020.

TARQUINIO Cyril et AUXEMERY Yann, *Manuel des troubles psychotraumatiques. Théories et pratiques cliniques* : Dunod, 2022.

VERDRAGER, Pierre, *L'enfant interdit. De la défense de la pédophilie à la lutte contre la pédocriminalité* : Armand Colin, 2021.

VIAUX, Jean-Luc, *Les incestes. Clinique d'un crime contre l'humanisation* : Érès, 2022.

De VIGAN, Delphine, *Rien ne s'oppose à la nuit* : JCLattès, 2011.

WEMMERS, Jo-Anne, *Introduction à la victimologie* : PUM, 2018.

Articles de revues

AMBROISE-RENDU Anne-Claude, « Attentats à la pudeur sur enfants : le crime sans violence est-il un crime ? (1810-années 1930) », *Revue d'histoire moderne & contemporaine*, [en ligne], 2009/4 (n° 56-4), p. 165-189. (Consulté le 13/02/2023 sur : https://www-cairn-info.proxybib-pp.cnam.fr/revue-d-histoire-moderne-et-contemporaine-2009-4-page-165.htm).

AMBROISE-RENDU Anne-Claude, « Briser le tabou. Du secret à la parole médiatique, le tournant des années 1970-1990 », *Sociétés & Représentations*, [en ligne], 2016/2 (N° 42), p. 59-72. (Consulté le 13/02/2023 sur : https://www-cairn-info.proxybib-pp.cnam.fr/revue-societes-et-representations-2016-2-page-59.htm).

AMBROISE-RENDU Anne-Claude, « L'inceste doit-il être interdit par le droit ? Deux siècles d'incertitude (1810-2010) », *Esprit*, [en ligne], 2012/5 (Mai), p. 17-32. (Consulté le 22/04/2023 sur : https://www-cairn-info.proxybib-pp.cnam.fr/revue-esprit-2012-5-page-17.htm).

ANCELIN SCHÜTZENBERGER, Anne, « Secrets, secrets de famille et transmissions invisibles », *Cahiers critiques de thérapie familiale et de pratiques de réseaux*, [en ligne], 2004/2 (n° 33), p. 35-54. (Consulté le 02/04/2023 sur : https://www-cairn-info.proxybib-pp.cnam.fr/revue-cahiers-critiques-de-therapie-familiale-2004-2-page-35.htm).

AVENA-ROBARDET, Valérie, « Soupçons de maltraitance en secret », *AJ famille*, [en ligne] 2022, p.349. (Consulté le 06/05/2023 sur : https://www-dalloz-fr.proxybib-pp.cnam.fr/documentation/Document).

BACH, Gérard, « Le miroir de nos pratiques », *Homophonies*, n° 47, septembre 1984.

BARRY Laurent, « Comptes rendus. Fabienne Giuliani. *Les liaisons interdites. Histoire de l'inceste au XIXe siècle*. Paris, Publications de la Sorbonne, 2014, 477 p. », *Annales. Histoire, Sciences Sociales*, [en ligne], 2019/1 (74e année), p. 252-255. (Consulté le 21/04/2023 sur : https://www-cairn-info.proxybib-pp.cnam.fr/revue-annales-2019-1-page-252.htm).

BATTEUR, Annick, « L'interdit de l'inceste, principe fondateur du droit de la famille », *RTD civ.*, [en ligne], 2000, p. 759 et s. (Consulté le 26/04/2023 sur : https://www-dalloz-fr.proxybib-pp.cnam.fr/documentation/Document?id=RTDCIV%2FCHRON%2F2000%2F0244&FromId=CIV_RUB000174_DOC_1).

BEAUCHARD Jean et COUVRAT Pierre (dir.), *Droit civil, procédure, linguistique. Écrits en hommage à Gérard Cornu* : PUF, 1994.

BEGIN, Marie-Claude, « La nécessité et l'art d'interroger un enfant », *Revue Générale du droit*, Vol. 27, n°2, [en ligne] juin 1996. (Consulté le 09/05/2023 sur : https://www.erudit.org/fr/revues/rgd/1996-v27-n2-rgd02432/1035813ar.pdf).

BEZIZ-AYACHE Annie et RAVIT Magali, *Fiches de Criminologie.* Ellipses, « Fiches », [en ligne], 2021. (Consulté le 17/02/2023 sur : https://www-cairn-info.proxybib-pp.cnam.fr/fiches-de-criminologie--9782340039995.htm).

BONFILS, Philippe, « Loi n° 200-121 du 8 février 2010 tendant à inscrire l'inceste commis sur les mineurs dans le code pénal et à améliorer la détection et la prise en charge des victimes d'actes incestueux », *RSC*, [en ligne], 2010, p.462. (Consulté le 07/05/2023 sur : https://www-dalloz-fr.proxybib-pp.cnam.fr/documentation/Document).

BRUNET, Laurence, « La prohibition de l'inceste en droit civil. Un interdit en peau de chagrin », *Informations sociales*, [en ligne], 2006/3 (n° 131), p. 70-77. (Consulté le 24/04/2023 sur : https://www-cairn-info.proxybib-pp.cnam.fr/revue-informations-sociales-2006-3-page-70.htm).

CARIO, Robert, « La justice restaurative en France, des normes et leurs dévoiements », *AJ Pénal*, [en ligne], 2021, (Consulté le 17 juin 2023 sur : https://www-dalloz-fr.).

CARIO, Robert, « Justice restaurative – Aspects généraux de la justice restaurative », *Répertoire de droit pénal et de procédure pénale*, [en ligne], 2022 (Consulté le 27 juillet 2023 sur : https://www-dalloz-fr.).

COLONNA, Marie-Laure, « Guérir d'Osiris », *Cahiers jungiens de psychanalyse*, [en ligne], 2001/2 (n° 101), p. 71-86. (Consulté le 04/02/2023 sur : https://www-cairn-info.proxybib-pp.cnam.fr/revue-cahiers-jungiens-de-psychanalyse-2001-2-page-71.htm).

CHAILLAN, Marianne, « Les séries télévisées : un laboratoire de philosophie morale ? », *Revue internationale de philosophie*, [en ligne], 2022/3 (n° 301), p. 27-46. (Consulté le 25/02/2023 sur : https://www-cairn-info.proxybib-pp.cnam.fr/revue-internationale-de-philosophie-2022-3-page-27.htm).

CROIX, Laurence, « Le patriarcat, la filiation charnelle et les pères », *Cahiers de psychologie clinique*, [en ligne], 2011/2 (n° 37), p. 103-122. (Consulté le 15/04/2023 sur : https://www-cairn-info.proxy-bib-pp.cnam.fr/revue-cahiers-de-psychologie-clinique-2011-2-page-103.htm).

DJELLAL, Faridah, GALLOUJ Faïz, « Les lois de l'imitation et de l'invention : Gabriel Tarde et l'économie évolutionniste de l'innovation », *Revue économique*, [en ligne], 2017/4 (Vol. 68), p. 643-671. (Consulté le 02/04/2023 sur : https://www-cairn-info.proxybib-pp.cnam.fr/revue-economique-2017-4-page-643.htm).

DUSSY, Dorothée, « Les Théories de l'inceste en anthropologie. Concurrence des représentations et impensés », *Sociétés & Représentations*, [en ligne], 2016/2 (N° 42), p. 73-85. (Consulté le 05/02/2023 sur : https://www-cairn-info.proxybib-pp.cnam.fr/revue-societes-et-representations-2016-2-page-73.htm).

DUSSY, Dorothée, « L'institution familiale et l'inceste : théorie et pratique », *Mouvements*, [en ligne], 2015/2 (n° 82), p. 76-80. (Consulté le 01/07/2023 sur : https://www-cairn-info.proxybib-pp.cnam.fr/revue-mouvements-2015-2-page-76.htm).

ELIACHEFF Caroline, « Le mal du siècle : inceste et pédophilie », *Cités*, [en ligne], 2021/2 (N° 86), p. 175-186. (Consulté le 26/02/2023 : https://www-cairn-info.proxybib-pp.cnam.fr/revue-cites-2021-2-page-175.htm).

FILIPPI, Jessica, « Le paradoxe de la protection des enfants victimes d'infractions sexuelles. Que dit le droit ? », *Les Cahiers Dynamiques*, [en ligne], 2019/4 (N° 77), p. 20-34. (Consulté le 22/04/2023 sur : https://www-cairn-info.proxybib-pp.cnam.fr/revue-les-cahiers-dynamiques-2019-4-page-20.htm).

FRAPAT, Bruno, « Mœurs, l'inceste à la campagne », *Le Monde*, [en ligne], 11 mars 1974. (Consulté le 13/02/2023 sur : https://www.lemonde.fr/archives/article/1974/03/11/m-urs-l-inceste-a-la-campagne_3086659_1819218.html).

FROUARD Hélène, « Inceste, la levée d'un tabou ? », *Sciences Humaines*, [en ligne], 2021/7 (N° 338), p. 13-13. (Consulté le 08/04/2023 sur : https://www-cairn-info.proxybib-pp.cnam.fr/magazine-sciences-humaines-2021-7-page-13.htm).

GERMAIN Delors, « Le consentement des mineurs victimes d'infractions sexuelles », *Revue de science criminelle et de droit pénal comparé*, [en ligne], 2011/4 (N° 4), p. 817-824. (consulté le 25/02/2023 sur : https://www-cairn-info.proxybib-pp.cnam.fr/revue-de-science-criminelle-et-de-droit-penal-compare-2011-4-page-817.htm).

GODARD-WITTMER, Rebecca, « L'enfant piégé par le conflit de loyauté », *Le Journal des psychologues*, [en ligne], 2014/9 (n° 322), p. 47-51. (Consulté le 12/03/2023 : https://www-cairn-info.proxybib-pp.cnam.fr/revue-le-journal-des-psychologues-2014-9-page-47.htm).

GOT Olivier, « Histoire du mot « scandale » », *Sigila*, [en ligne], 2014/1 (N° 33), p. 13-21. (Consulté le 25/02/2023 sur : https://www-cairn-info.proxybib-pp.cnam.fr/revue-sigila-2014-1-page-13.htm).

GHOZLAN Éric, « L'inceste, du scandale médiatique à la prise en charge psycho-légale », *Perspectives Psy*, [en ligne], 2022/2 (Vol. 61), p. 113-116. (Consulté le 12/04/2023 sur : https://www-cairn-info.proxybib-pp.cnam.fr/revue-perspectives-psy-2022-2-page-113.htm).

GIULIANI Fabienne, « Le Crime sans nom. Dire l'inceste dans la société française du xixe siècle (1791-1898) », *Sociétés & Représentations*, [en ligne], 2016/2 (N° 42), p. 31-44. (Consulté le 21/04/2023 sur : https://www-cairn-info.proxybib-pp.cnam.fr/revue-societes-et-representations-2016-2-page-31.htm).

GUERRERO Omar, « Pourquoi la psychanalyse ? », *Mémoires*, [en ligne], 2018/2 (N° 73), p. 11-13. (Consulté le 18/03/2023 sur : https://www-cairn-info.proxybib-pp.cnam.fr/revue-memoires-2018-2-page-11.htm).

GUERY, Christian, « L'inceste : étude de droit pénal comparé », *Recueil Dalloz*, [en ligne] 1998, p. 47. (Consulté le 24 juin 2023 sur : https://www-dalloz-fr.proxybib-pp.cnam.fr/documentation/Document?id=RECUEIL/CHRON/1998/0010).

« Entendre et accompagner l'enfant victime de violences », *Journal du droit des jeunes*, [en ligne] 2015/10 (N° 350), p. 38-39. (Consulté le 09/05/2023 : https://www-cairn-info.proxybib-pp.cnam.fr/revue-journal-du-droit-des-jeunes-2015-10-page-38.htm).

LASSAGNE, Maxime, « L'appréhension de l'inceste non-consenti par le droit pénal. Réflexions comparatistes sur l'usage du mot inceste en droit pénal », *Revue Lexsociété*, [en ligne] 2023. (Consulté le 27 juin 2023 sur : https://hal.science/hal-03971072/document).

LEFEBVRE-TEILLARD Anne, « La famille, pilier du Code civil », *Histoire de la justice*, [en ligne] 2009/1 (N° 19), p. 311-319. (Consulté le 06/05/2023 sur : https://www-cairn-info.proxybib-pp.cnam.fr/revue-histoire-de-la-justice-2009-1-page-311.htm).

LEMITRE Samuel, « Clinique de l'inceste *Le silence des mots est un aveu des plus graves* », *Enfances & Psy*, [en ligne], 2023/2 (N° 96), p. 99-110. (Consulté le 22/04/2023 sur : https://www-cairn-info.proxy-bib-pp.cnam.fr/revue-enfances-et-psy-2023-2-page-99.htm).

LETT Didier, « L'inceste père-fille à la fin du Moyen Âge : un crime, un péché de luxure ou un acte consenti ? », *Sociétés & Représentations*, [en ligne], 2016/2 (N° 42), p. 15-30. (Consulté le 4/02/2023 sur : https://www-cairn-info.proxybib-pp.cnam.fr/revue-societes-et-representations-2016-2-page-15.htm).

LOPEZ Gérard, « Réflexion sur la prévention et la prise en charge des 6,7 millions de survivants de l'inceste », *Perspectives Psy*, [en ligne], 2022/2 (Vol. 61), p. 117-120. (Consulté le 08/04/2023 sur : https://www-cairn-info.proxybib-pp.cnam.fr/revue-perspectives-psy-2022-2-page-117.htm).

MARIN Jean-Claude, « Pour une meilleure protection de l'enfance », *Les Cahiers de la Justice*, [en ligne] 2018/1 (N° 1), p. 7-9. (Consulté le 18/06/2023 : https://www-cairn-info.proxybib-pp.cnam.fr/revue-les-cahiers-de-la-justice-2018-1-page-7.htm).

MARY, Léa, « Penser l'emprise après la loi du 21 avril 2021 visant à protéger les mineurs des crimes et délits sexuels et de l'inceste », AJ Famille, 2021, p. 468. (Consulté le 26/04/2023 sur : https://www-dalloz-fr.proxybib-pp.cnam.fr/documentation/Document).

MARTI Anne-Laure et DUFOUR Véronique, « Des « quasi »-frères et sœurs : inceste et confusion générationnelle », *La lettre de l'enfance et de l'adolescence*, [en ligne], 2009/4 (n° 78), p. 53-59. (Consulté le 23 juin 2023 sur : https://www.cairn.info/revue-lettre-de-l-enfance-et-de-l-adolescence-2009-4-page-53.htm).

PELLE, Sébastien, « Infractions sexuelles contre les mineurs : une sortie du droit commun, pour quelle efficacité ? », *Recueil Dalloz*, D. 2021. 1391, [en ligne], 22 juillet 2021. (Consulté le 26/04/2023 sur : https://www-dalloz-fr.proxybib-pp.cnam.fr/documentation/Document?id=RECUEIL%2FCHRON%2F2021%2F1775&FromId=CODES_CPEN).

REY Sarah, « Nicole Belayche et Vinciane Pirenne-Delforge (éd.), *Fabriquer du divin. Constructions et ajustements de la représentation des dieux dans l'Antiquité*. Liège, Presses Universitaires 2015 », *Revue de l'histoire des religions*, [en ligne], 2018/1 (Tome

235), (Consulté le 18/02/2023 sur : https://www-cairn-info/revue-de-l-histoire-des-religions-2018-1-page-147.htm).

ROUX Sébastien, « Anne-Claude Ambroise-Rendu, Histoire de la pédophilie, XIX e- XXI e siècle. Paris, Fayard, 2014 », *Clio. Femmes, Genre, Histoire*, [en ligne] 2015/2 (n° 42), p. 244-247. (Consulté le 17/02/2023 sur : https://www-cairn-info.proxybib-pp.cnam.fr/revue-clio-femmes-genre-histoire-2015-2-page-244.htm).

TINEL Marie, « La famille en droit pénal », *Droits*, [en ligne], 2012/2 (n° 56), p. 155-178. (Consulté le 06/05/2023 sur : https://www-cairn-info.proxybib-pp.cnam.fr/revue-droits-2012-2-page-155.htm).

VIAUX Jean-Luc, « Consentir à l'inceste : un oxymore », *Dialogue*, [en ligne], 2021/2 (n° 232), p. 39-55. (Consulté le 26/02/2023 sur : https://www-cairn-info.proxybib-pp.cnam.fr/revue-dialogue-2021-2-page-39.htm).

VIAUX Jean-Luc, *La haine de l'enfant. Les vraies causes de la maltraitance et des violences.* Dunod, « Santé Social », [en ligne], 2020, ISBN : 9782100806041. (Consulté le 11/06/2023 sur : https://www-cairn-info.proxybib-pp.cnam.fr/la-haine-de-l-enfant--9782100806041.htm).

VILA Gilbert, « Inceste sur mineurs et troubles psychotraumatiques chroniques : considérations cliniques », *Perspectives Psy*, [en ligne], 2022/2 (Vol. 61), p. 133-137. (Consulté le 18/03/2023 sur : https://www-cairn-info.proxybib-pp.cnam.fr/revue-perspectives-psy-2022-2-page-133.htm).

DE VILLETTE, Thérèse, « La justice restaurative : une voie de résilience pour auteurs et victimes d'actes pédophiles », *Revue d'éthique et de théologie morale*, [en ligne], 2020/2 (N° 306). (Consulté le 9 juillet 2023 sur : https://www-cairn-info.proxybib-pp.cnam.fr/revue-d-ethique-et-de-theologie-morale-2020-2-page-111.htm).

VINCENT-BUFFAULT Anne, « Érotisme et pornographie au XVIIIe siècle : les dispositifs imaginaires du regard », *Connexions*, [en ligne], 2007/1 (n° 87), p. 97-104. (Consulté le 26/04/2023 sur : https://www-cairn-info.proxybib-pp.cnam.fr/revue-connexions-2007-1-page-97.htm).

SCHLOSSER Jean-Michel, « La formation des policiers. Un outil à (ré) inventer, des contenus à (re) penser », *Alternatives Non-Violentes*, [en ligne] 2021/1 (N° 198), p. 7-9. (Consulté le 18/06/2023 sur : https://www-cairn-info.proxybib-pp.cnam.fr/revue-alternatives-non-violentes-2021-1-page-7.htm).

Décisions de justice

CEDH, *B. et L. c. Royaume-Uni*, 13 septembre 2005, n°36536/02.

Civ. 1re, 4 déc. 2013, n°12-26.066.

Cass. 1re civ., 8 décembre 2016, n°15-27.201

Crim. 13 janv. 2021, n° 19-86.509

Cons. Const., QPC n°2011-163, 16 septembre 2011.

Articles de presse

BOUCAULT, Sarah, « Inceste commis par des mineurs : le grand déni », *La Déferlante*, 12 avril 2023, pp. 24-39.

CORDIER, Solène, « Fragilisée par l'affaire Olivier Duhamel, Elisabeth Guigou démission de la commission sur l'inceste », *Le Monde*, [en ligne] 13 janvier 2021, (Consulté le 18/06/2023 sur : https://www.lemonde.fr/societe/article/2021/01/13/fragilisee-par-l-affaire-olivier-duhamel-elisabeth-guigou-demissionne-de-la-commission-sur-l-inceste_6066151_3224.html).

DEVYNCK, Hélène, *Elle*, [en ligne], 20 septembre 2022 (Consulté le 12/03/2023 sur : https://www.elle.fr/Societe/News/Affaire-PPDA-Nos-temoignages-permettaient-d-identifier-un-predateur-sexuel-l-interview-poignante-d-Helene-Devynck-4057012).

GOULET, Perrine, « Pour lutter contre l'inceste ''Nous devons intégrer l'éducation au corps dès la classe de maternelle'' », *Le Monde*, Tribune, [en ligne] 17 novembre 2021 (Consulté le 27 juin 2023 sur : https://www.lemonde.fr/idees/article/2021/11/17/pour-lutter-contre-l-inceste-nous-devons-integrer-l-education-au-corps-des-la-classe-de-maternelle_6102448_3232.html).

SENECAT, Adrien, « Daniel Cohn-Bendit et la « pédophilie » : les faits sur les accusations qui refont surface », *Le Monde*, [en ligne], 14 mai 2019. (Consulté le 18/02/2023 sur : https://www.lemonde.fr/les-decodeurs/article/2019/05/14/daniel-cohn-bendit-et-la-pedophilie-les-faits-sur-les-accusations-qui-refont-surface_5461818_4355770.html).

Le Monde, « Affaire Duhamel : l'enquête classée sans suite pour prescription », [en ligne], 14 juin 2021, (Consulté le 06/05/2023 sur : https://www.lemonde.fr/police-justice/article/2021/06/14/affaire-duhamel-l-enquete-classee-sans-suite-pour-prescription_6084069_1653578.html).

Sites web

https://actu.fr/nouvelle-aquitaine/marmande_47157/gendarmerie-pourquoi-les-salles-d-audition-d-enfants-victimes-s-appellent-melanie_57599235.html#

https://www.assemblee-nationale.fr/dyn/15/textes/l15b3907_proposition-loi

https://www.balancetonporc.com

https://www.ciase.fr/medias/Ciase-Rapport-5-octobre-2021-Les-violences-sexuelles-dans-l-Eglise-catholique-France-1950-2020.pdf

https://www.ciivise.fr/wp-content/uploads/2022/03/CCl-inter_2803_compressed.pdf

https://www.ciivise.fr/wp-content/uploads/2023/06/Avis-Le-cout-du-deni_VFpdf-1.pdf

https://www.cnrtl.fr/definition/

https://innocenceendanger.org

https://innocenceendanger.org/wp-content/uploads/2019/11/AuditionMelanie.pdf

https://facealinceste.fr/blog/publications/le-nouveau-chiffre-de-l-inceste-en-france https://journals.openedition.org/droitcultures/1430

https://www.justice.gouv.fr/sites/default/files/migrations/portail/art_pix/guide_enfants_victimes.pdf

https://www.larousse.fr/dictionnaires/francais/

http://evene.lefigaro.fr/citation/probleme-absence-solution-finisse-venir-bout-26862.php

https://lannuaire.service-public.fr/navigation/commissariat_police#:~:text=Commissariat%20de%20police%20%2D%20sur%20tout%20le%20territoire%20(729)

https://lejournal.cnrs.fr/articles/toutes-les-societes-font-de-linceste-un-tabou-mais-cette-universalite-revet-des-formes-tres

https://lejournal.cnrs.fr/articles/ce-que-lon-sait-de-linceste-en-france

https://www.lemonde.fr/archives/article/2003/02/06/gerard-ignasse_4270481_1819218.html

https://www.madmoizelle.com/inceste-sondage-france-1067532

https://www.lemonde.fr/une-abonnes/article/2004/07/02/un-verdict-illisible_371329_3207.html

https://www.vie-publique.fr/rapport/27486-mission-parlementaire-faut-il-eriger-linceste-en-infraction-specifiqu

https://youtu.be/TjZmJkLdwN8

https://www.radiofrance.fr/franceculture/podcasts/esprit-de-justice/entretien-avec-francois-molins-6180476

https://www.rappler.com/features/newsbreak/investigative/171457-incest-rape-philippines-sexual-abuse/index.html

https://www.senat.fr/lc/lc102/lc1020.html

https://www.service-public.fr/particuliers/vosdroits/F2274

Documentaires en ligne

« Les temps changent : L'enfance volée, du tabou au combat », France 2, 16/11/2021. (Consulté le 02/02/2023 sur : https://www.youtube.com/watch?v=-hnej_B2VNs).

LAURENTIN, Emmanuel, « Y a-t-il une culture de l'inceste en France ? », Le temps du débat [émission], France Culture, 12 octobre 2022, 37 min. (Consulté le 07/03/2023 sur : https://www.radiofrance.fr/franceculture/podcasts/le-temps-du-debat/y-a-t-il-une-culture-de-l-inceste-en-france-1303862)

MOGHADDAM, Fiona, DE KERVASDOUE Cécile, « Quand les intellectuels défendaient la pédophilie », Radio France, [en ligne], 3 janvier 2020. (Consulté le 17/02/2023 sur : https://www.radiofrance.fr/franceculture/quand-des-intellectuels-francais-defendaient-la-pedophilie-2026242)

Podcasts

BIENAIME, Charlotte, « Inceste et pédocriminalité », Un podcast à soi, [en ligne] 2020. (Consulté le 14 novembre 2022 sur : https://www.arteradio.com/son/61663468/inceste_et_pedocriminalite_la_loi_du_silence).

BUY, Anna, « Ou peut-être une nuit », Injustice, Louie Média, [en ligne], 2020. (Consulté le 20 mai 2021 sur : https://louiemedia.com/injustices-2/ou-peut-etre-une-nuit).

GARAPON, Antoine, « Esprit de Justice », « Entretien avec François Molins », France Culture, [en ligne], 07/06/2023. (Consulté le 07/06/2023 sur : https://www.radiofrance.fr/franceculture/podcasts/esprit-de-justice/entretien-avec-francois-molins-6180476)

WEIL, Eléonore, « Devenir femme après l'inceste, le parcours d'une combattante », Résiliences, (Consulté le 19 novembre 2022 sur : https://podcasts.audiomeans.fr/resiliences-809aaf6721b7/devenir-femme-apres-l-inceste-le-parcours-d-une-combattante-c56bc61a41a9?).

Films

BESCOND, Andréa et METAYER Eric, « Les Chatouilles, ou danse de la colère », 2018.

HERRY, Jeanne, « Je verrai toujours vos visages », 2023.

IONESCO, Eva, « My Little Princess », 2012.

MAÏWENN, « Polisse », 2011.

OZON, François, « Grâce à Dieu », 2018.

VINTERBERG, Thomas, « Festen », 1998.

Table des matières

4. La justice restaurative et le silence de l'inceste.................................133

Structures éditoriales du groupe L'Harmattan

L'Harmattan Italie
Via degli Artisti, 15
10124 Torino
harmattan.italia@gmail.com

L'Harmattan Hongrie
Kossuth l. u. 14-16.
1053 Budapest
harmattan@harmattan.hu

L'Harmattan Sénégal
10 VDN en face Mermoz
BP 45034 Dakar-Fann
senharmattan@gmail.com

L'Harmattan Cameroun
TSINGA/FECAFOOT
BP 11486 Yaoundé
inkoukam@gmail.com

L'Harmattan Burkina Faso
Achille Somé – tengnule@hotmail.fr

L'Harmattan Guinée
Almamya, rue KA 028 OKB Agency
BP 3470 Conakry
harmattanguinee@yahoo.fr

L'Harmattan RDC
185, avenue Nyangwe
Commune de Lingwala – Kinshasa
matangilamusadila@yahoo.fr

L'Harmattan Congo
219, avenue Nelson Mandela
BP 2874 Brazzaville
harmattan.congo@yahoo.fr

L'Harmattan Mali
ACI 2000 - Immeuble Mgr Jean Marie Cisse
Bureau 10
BP 145 Bamako-Mali
mali@harmattan.fr

L'Harmattan Togo
Djidjole – Lomé
Maison Amela
face EPP BATOME
ddamela@aol.com

L'Harmattan Côte d'Ivoire
Résidence Karl – Cité des Arts
Abidjan-Cocody
03 BP 1588 Abidjan
espace_harmattan.ci@hotmail.fr

Nos librairies en France

Librairie internationale
16, rue des Écoles
75005 Paris
librairie.internationale@harmattan.fr
01 40 46 79 11
www.librairieharmattan.com

Librairie des savoirs
21, rue des Écoles
75005 Paris
librairie.sh@harmattan.fr
01 46 34 13 71
www.librairieharmattansh.com

Librairie Le Lucernaire
53, rue Notre-Dame-des-Champs
75006 Paris
librairie@lucernaire.fr
01 42 22 67 13

www.ingramcontent.com/pod-product-compliance
Lightning Source LLC
LaVergne TN
LVHW021214061026
849535LV00008B/2726
9782336440224